高等职业教育公共
基础课系列教材

京师职教
JingShi Vocational Education

大学生心理成长
实用教程（第2版）

DAXUESHENG XINLI CHENGZHANG SHIYONG JIAOCHENG

刘宁宁 ◉ 主　编
王盈盈 ◉ 副主编

北京师范大学出版集团
BEIJING NORMAL UNIVERSITY PUBLISHING GROUP
北京师范大学出版社

图书在版编目（CIP）数据

　　大学生心理成长实用教程／刘宁宁主编．—2版．北京：北京师范大学出版社，2024．8．— ISBN 978-7-303-30196-6

　　Ⅰ．G444

　　中国国家版本馆 CIP 数据核字第 2024D0S322 号

教材意见反馈　*zhijiao@bnupg.com*
营销中心电话　010-58802755　58800035
编 辑 部 电 话　010-58802751

出版发行：北京师范大学出版社 www.bnupg.com
　　　　　北京市西城区新街口外大街 12-3 号
　　　　　邮政编码：100088
印　　刷：鸿博睿特（天津）印刷科技有限公司
经　　销：全国新华书店
开　　本：889 mm×1194 mm　1/16
印　　张：10.25
字　　数：229 千字
版　　次：2024 年 8 月第 2 版
印　　次：2024 年 8 月第 1 次印刷
定　　价：38.80 元

策划编辑：王云英　何　琳　　　　责任编辑：葛子森
美术编辑：焦　丽　　　　　　　　装帧设计：焦　丽
责任校对：陈　荟　姚安锋　　　　责任印制：马　洁　赵　龙

致同学的一封信

亲爱的同学们：

　　欢迎你们参加"心理成长课"。

　　从今天起，你们将开始面对一个不一样的心理课学习体验。与你们已经学习或正在学习的任何一门课程都不同，它的全部内容都是关于你们自己的！

　　你们进入大学，即开始了人生最美好的岁月。每一个大学生都在经历着相似的体验，身体的成熟、心灵的发展、情感的波动，让人时而高兴，时而悲伤，时而兴奋，时而很消沉。飞速发展的城市，日益发达的信息，不断扩大的市场……不管是否愿意，有无准备，你们都将面临充满未知和机遇的变化，也将面临更加复杂和不同的困惑。《教育部等十七部门关于印发〈全面加强和改进新时代学生心理健康工作专项行动计划（2023—2025年）〉的通知》指出，应"培育学生热爱生活、珍视生命、自尊自信、理性平和、乐观向上的心理品质和不懈奋斗、荣辱不惊、百折不挠的意志品质，促进学生思想道德素质、科学文化素质和身心健康素质协调发展，培养担当民族复兴大任的时代新人"。"心理成长课"将关心你们内心的一切，它将成为你们的朋友，分享你们的情感，探讨你们的困惑，给予你们实际的帮助，引导你们去寻找答案。所有这一切都将由你们自己完成。"心理成长课"有融洽的活动气氛，丰富的心理理论，充分的参与机会，不同的旁人经验。在教师的协助下，你们将和同学们一起讨论、一起交流思想和情感，总结和分享收获。每一个人都有机会表达自己的意见，都有机会得到他人的关注，都有机会倾诉自己的烦恼，都有机会展示自己的才华……

　　希望你们能勇敢跨出舒适区，走出自己的世界，重新认识自己，了解他人。

　　祝健康成长！

一位心理课教师

目　录
CONTENTS

项目一　我和我的生活　/ 001

学习任务一　我的生活有什么　/ 002

学习任务二　我的大学目标是什么　/ 005

学习任务三　我和网络世界　/ 009

项目二　寻找自我　/ 017

学习任务一　我是一个怎样的人　/ 018

学习任务二　大学生的心理发展课题——同一性　/ 024

学习任务三　从人格的角度认识自己　/ 027

学习任务四　我有多喜欢自己　/ 031

项目三　走进情绪　/ 041

学习任务一　情绪是什么　/ 042

学习任务二　情商是什么　/ 046

项目四　学会沟通　/ 057

学习任务一　我们为什么要沟通　/ 058

学习任务二　人际关系的建立　/ 061

学习任务三　我们如何沟通　/ 064

学习任务四　人际关系的冲突管理　/ 079

学习任务五　人际关系中的自我评价　/ 084

项目五　面对压力和挫折　/ 089

　　学习任务一　什么是压力和挫折　/ 090
　　学习任务二　压力、挫折与健康　/ 096
　　学习任务三　压力和挫折的应对方式　/ 101

项目六　认识爱情　/ 107

　　学习任务一　什么是爱情　/ 108
　　学习任务二　爱情的发展模式　/ 109
　　学习任务三　从心理学的角度看爱情　/ 109
　　学习任务四　爱的能力　/ 113
　　学习任务五　学会喜爱和欣赏我们自己　/ 117

项目七　珍爱生命　/ 121

　　学习任务一　生命的故事　/ 122
　　学习任务二　尊重生命　/ 125
　　学习任务三　学习求助　/ 127

项目八　理解心理障碍　/ 137

　　学习任务一　什么是心理障碍　/ 138
　　学习任务二　常见的心理障碍　/ 142
　　学习任务三　心理障碍的治疗　/ 153

参考文献　/ 156

项目一
我和我的生活

时间，对我来讲，是人生最重要的事，也很少人像我这样不停地看钟看表。

——蔡澜

项目导航 »»

1. 了解心理健康的意义、时间管理的方法和网络成瘾的标准。

2. 能够运用大学生心理健康标准检测和评价自身的心理健康状况，学习运用时间管理的方法规划自己的生活。

3. 深化对生活意义的思考、对心理成长的思考，培养科学使用网络的意识。

自我评估 »»

依据个人的真实情况，以下这些描述符合的记 1 分，不符合的记 0 分。

1. 我清楚地知道自己的大学生活目标。

2. 我清楚地知道我的幸福感来源于哪里。

3. 我知道自己的心理健康水平。

4. 我是一个活在当下的人。

5. 我不会不停地去缅怀过去的人和事情。

6. 我能依照兴趣安排好自己的时间。

7. 我非常享受自己一个人的时间。

8. 我坚定地追求自己想要的东西。

9. 我能够包容其他人和我不一样的地方。

10. 对于别人的嘲笑，我能一笑了之。

成长故事 ▶▶▶

　　李宇刚来到学校的时候，有很多计划：要努力学习，争取能够专升本；要好好表现，争取能够进入本专业的对口单位实习；要和同学们处好关系，加入班委，争取入党。每每看到这份计划，李宇感觉自己有使不完的劲儿。开学第一周，李宇认真听讲，努力记笔记，晚上睡觉前还在看书；第二周，他仍在好好学习，参加专业竞赛……第五周，李宇心想："啊，好累啊，稍微休息下吧，嗯，好像旁边的同学都在玩这个游戏，感觉还不错的样子，我也试试"……已经第十周了，李宇发现："要期中考试了啊，前面落了好多功课，我要重新开始了。可是好多不懂啊，好难啊，怎么办啊？算了，反正都这样了，还是继续玩游戏吧！"……期末到了，李宇因旷课太多而退学。这到底是因为什么？

项目探索 ▶▶▶

▶▶ 学习任务一　我的生活有什么 ▶▶

一、健康和幸福

　　健康是一种选择、一种生活方式，是个体的身体、心理的整合，是一个需要终身关注自身各种机能的过程。人们需要创造一种有益于关心生理自我、理性挑战自我、充分表达自己的情绪、发现有价值的人际关系以及寻找生命意义的生活方式。

　　首先，幸福是一种主观感受，是自然而然地发自内心的感受；其次，幸福是一种自由的感受，是人们对理想的精神生活和物质生活的自我感受，是一种简单的满足。有些学生觉得能考上自己理想的学校和专业是幸福，有些学生觉得每天能够睡到自然醒就是幸福。每个人都有着自己的答案，同一个人在不同的人生阶段会有不同的答案。在这个追寻幸福的过程中，明确自己的信仰、拥抱心灵和照顾自己都是至关重要的。个体感受幸福的过程受到很多因素的影响，需要在生活的细节方面加以注重。比如，我们如何工作和休闲，我们如何思考，我们如何保持健康、保持良好的人际关系、保持积极的价值观，等等。

（一）睡眠

睡眠有助于保持身体健康。睡觉的时候我们的身体会恢复到最好的状态，帮助我们从白天的疲惫中恢复过来。一般来说，成人睡眠时间的正常范围是6～9小时。充足的睡眠对放松是非常重要的，我们需要发现自己的睡眠周期。高质量睡眠的关键是我们能够识别出自己的自然睡眠模式，然后尽可能地保证足够的睡眠。专家告诉我们，睡眠过程的质量比较长时间的睡眠更重要。我们要关注自己的身体，根据需要调整我们的睡眠习惯。

（二）运动

规律并且适当的运动对于保持健康是非常重要的。运动是减少压力消极作用的一个方法，有助于预防疾病、延年益寿，身体活动对心血管保健和心理功能强化都有积极作用。对于很多人来说，制订一个运动量足够而又令人愉快的运动计划是很重要的。刚开始的时候，可以考虑10～15分钟的运动量，然后再逐渐增加运动量。运动计划成功的秘诀是选择自己喜欢的运动形式。为你的运动计划设立一个健康的目标，如果你完成了自己设立的目标，就要为自己的坚持而奖励自己。

（三）饮食和营养

学者勃勒纳（Brenner）在他的书中写道："饮食，就像健康一样，是一种精神状态。饮食其实是你与你所选择的食物之间的一种关系。它是你对所吃的食物的想法和感受。"在亚利桑那州立大学的综合医学项目中，威尔（Well）鼓励人们在疾病出现以前就改变生活习惯，健康饮食是良好生活方式的一个方面。他主张，健康的决定因素有很多，如遗传、环境、心理等，饮食是我们能够控制的一个因素。通过学习如何吃得明智、如何控制体重、如何保持健康，你会获得终身健康。

（四）学习独处

如果我们不花时间和自己相处，就会和真实的自己远离。独处给予我们检验生活和沉思的机会。它让我们有时间去思索一些深刻的问题。例如，"我是否曾经不了解自己""我是否曾被忙碌的生活打扰导致过度焦虑"。我们可以在独处的时候探索自我的内心，更新自我的观念，将其作为选择和指引我们生活的核心，用内心的力量来指引人生的道路。我们应坦然接受独处的时刻。

（五）对自己的学习负责

进入大学，我们应把想做的事情作为学习的催化剂。当你说"我正在做我想做的事情"时，你知道这对你意味着什么吗？你人生的意义可能会被你的学习、生活重新界定。每个人擅长学什么以及最适合学习的方法是不尽相同的。比如，听觉敏感的人更容易从别人的讲话中汲取知识，而视觉敏感的人更容易从看到的学习材料中有效地获取知识。我们可以通过基斯（Keith）的多元智力量表（Rogers Indicator of Multiple Intelligences，RIMI），来了解自己的学习方式。

二、大学生心理健康标准

心理健康的人能够悦纳自己，体谅他人，适应环境，情绪稳定，人格协调。心理健康的人并不是一直处于开心、愉悦的情绪中，而是他们能够纾解痛苦和烦恼，积极地寻求协助和改变，体察人性的脆弱和不易，并在合适的时候自由、适度地表达自己的需求，展现自己的个性，并和他人、环境和谐相处。他们能够不断地学习，感受生活，利用资源，充实自我，知足常乐，真正享受属于自己的生活。

（一）能保持较浓厚的学习兴趣和较强的求知欲望

珍惜学习机会，求知欲强烈，有自己感兴趣的事情或活动。在学习过程中能运用自己的学习策略，克服困难，能从中体验到满足与快乐。

（二）能保持正确的自我认识，悦纳自我

对自我有清晰、客观的认识，了解自己的长处和短处。能够肯定和完善自己的优势，同时能正视和弥补自己的不足，悦纳真实的自我。

（三）能表达和调整情绪，保持良好的心境

能够依据自己的情绪状态主动调整，努力将消极情绪变为积极情绪；能在适当的时机适度表达和控制情绪。

（四）能保持自洽的人际关系，懂得与人交往

能依据个体的情况自由选择与人的距离，能用尊重、信任、包容的态度与人相处，乐于助人，乐于分享。

（五）能保持完整协调的人格品质

个体具有乐观、积极的人生观，能够把自己的期待、愿望、目标和行为统一起来，愿意为自己的期待和愿望，设置相应的目标，并付诸努力。

》

（六）能保持一定的环境适应能力

能够客观认识环境，对环境做出客观的评价；能依据现有环境调整好个人的期待、行为和目标。

（七）意志健全

在面对压力和挫折时，能适时地做出决定，并运用切实可行的方法面对和解决所遇到的问题、困难与挫折。

需要特别注意的是，心理健康是一个相对的概念，目前尚无一个适用于任何人、任何情境的唯一标准。这是由于人的心理世界复杂多样，即使一个心理完全健康的人，有时候也可能会出现突发性、暂时性的心理异常。心理健康和心理疾病是两个既独立又相互关联的概念，它可以同时存在于一个人的身上。心理健康的人也有可能出现心理问题，这就像是身体健康和生理疾病一样，人难免会发烧和感冒，但是在经过护理和专业的调理后都能恢复健康。心理健康水平较低的大学生一样可以通过自身的努力、亲友的帮助和专业人士的指导来调节自己的心理健康水平。

≫ 学习任务二　你的大学目标是什么 ≫

请思考一下你进入大学后的学习和生活目标是什么。不可否认，我们毕业后所从事的工作都是先从学校学习开始的。同样是上大学，一些人是想通过大学学习为自我发展创造机会，尽可能地多掌握知识；一些人想在大学里认识志同道合的朋友，一起努力创业；等等。澄清大学生活的目标不仅有助于我们规划将来的职业生涯，更有助于我们明晰自己会为这些目标付出怎样的努力。

心理成长沙龙

请写下你的大学目标

你的大学目标是什么？你会为此做出哪些努力？

....

....

....

📝学习笔记

一、时间观念的重要性

一个人把时间花在哪里，很大程度上将决定这个人成为什么样的人。在《津巴多时间心理学》一书中，作者指出，人和人之间存在时间观念的不同，时间观念包括我们对时间变化、未来事件、节奏，以及时间所带来的内心压力的感知。它是我们对过去、现在和将来的感知的总和。我们很少感知到自己的时间观念，但它却影响着我们的每一个决策。津巴多认为一个理想的时间观念具备以下特征：过去积极的时间观念强，有适度的未来时间导向，有适度地享受当下的时间导向，过去消极的时间观念弱，现在的悲观主义时间导向弱。

很多时候，我们认为对过去发生事件的态度比事件本身更重要，因为是这些态度塑造了现在的我们，它们也会影响我们现在的想法、感受和行为。过去发生的事情，无论是快乐的还是痛苦的，都是不可改变的，但我们对它们的看法是可以改变的。有着理想时间观念的人不会压抑或逃避对过去发生的消极事件的记忆，他们会关注事件中积极的方面，或用积极的态度去看待它们。每个人都经历过一些痛苦的事情，有着理想时间观念的人以积极的方式回忆这种痛苦，使自己变得富有活力、乐观向上，生活更加幸福。

其实幸福不仅仅是一个结果，也是一个需要不断追求的过程，幸福的过去要靠不断重建自己的记忆来形成。"积极心理学之父"马丁·塞利格曼在其著作《持续的幸福》中提到了一个积极心理干预实验，表1.1简述了这个实验的具体内容。

表 1.1　积极心理干预练习

组别	练习名称	描述
控制组	早期回忆	被试每天晚上写自己记忆中的童年，共持续一周
实验组	（1）感恩回访	被试给曾经帮助过自己，但自己没有好好感谢过的人写一封感谢信，具体写出他对你说过的话、为你做过的事，以及这些是如何影响你的人生的
	（2）生活中的三件好事	被试每天晚上写当天发生在自己身上的三件好事，写出它们发生的原因，以及为何觉得它们是好事，共持续一周
	（3）你最棒的时刻	被试写自己最棒的时候，并仔细思考那个时候自己有何种优点，共持续一周
	（4）创造性地使用显著优点	被试参加显著优点调查，知道自己的三个显著优点，并在日常生活中创造性使用这些优点，共持续一周
	（5）知晓显著优点	被试参加显著优点调查，知道自己的三个显著优点

在实验前，实验刚结束，实验结束一周后、一个月后、三个月后、六个月后，对被试的抑郁和快乐程度分别进行测量。研究结果显示：参与生活中的三件好事、创造性地使用显著优点练习的两个小组的成员，与控制组相比，抑郁程度有明显改善，快乐程度有明显提高。而参与感恩回访、你最棒的时刻、知晓显著优点练习的小组的成员，在实验结束后立即测试显示有明显的积极改变，但经过三个月后，会回到同控制组一样的水平。因此，在日常生活中认识自己的人格优势，或者通过良好的干预方法强化这些优势，对于人们保持积极的态度、过快乐的生活非常有帮助。

有着理想时间观念的人会享受现在，但并不赞成及时行乐。他们会关照现在，懂得适度去享受丰富多彩的生活，他们也会训练自己活在当下，不受过去与未来烦扰。他们会制订属于自己的计划，并合理地安排好时间，尽可能地预先为通往目标的路上会遇到的困难与陷阱做好准备，他们较少延期完成工作，也不会同时背上双倍工作的负担，因为他们会在结束现有工作任务后才开始新任务。他们接受的教育更多，能持之以恒，并从失败中学习。

心理成长沙龙

时间运用调查

1. 你一天中最有学习效率的时间段是什么时候？

2. 你睡眠最有效的时间段是什么时候？

3. 你每天读书、学习的时间有多少？

4. 你每天浪费多少时间，用来做哪些事情？

5. 如果你每天有额外的两小时，那么你喜欢用这些时间做哪件事情？

6. 你曾经记录过你的时间状况吗？

7. 你是否对事情的紧迫性与重要性进行过分类？

8. 你是否总有时间做最重要的事情？

9. 你能够按计划在规定的时间内完成工作吗？

不断改变自己的现实状态和认知结构，在生活中产生有效行动，在头脑中建构属于自己的知识链接，这才是真正的系统学习。互联网的发展让信息的获取更便捷，但获取信息只是学习的一环。从认知的角度看，学习是一个信息加工的过程，通俗地讲，我们的学习效果是靠消化、吸收以及存储的能量被合理运用来决定的。我们应该带着问题去阅读，结合实际去行动，通过观察结果去反思，这样的学习才会给我们带来高价值。

学习笔记

心理成长学堂

常见的时间管理技巧

1. 有计划地使用时间。

2. 将一天所要做的事情进行罗列。

3. 将要做的事情根据"80 20"法则进行分配，即琐碎的多数与重要的少数。挑选出来的20%的事情是值得做的，应享有优先权。

4. 区分紧急事务与重要事务。紧急事务往往需要马上完成，重要事务往往需要长期的努力。

5. 做好事情要比事情做好重要。一个是有效果，另一个是有效率，首先要考虑效果，然后再考虑效率。

6. 遵循你的生物钟。明确自己办事效率最高的时间段，然后将优先办的事情放在最佳时间段里。

7. 要具有灵活性。一般来说，要将自己的时间留有空白，这些时间应当属于灵活时间，用来应对各种打扰和无法预期的事情。

8. 学会忽略所有没有意义的事情，将罗列的没有任何意义的事情全部删除。但同时也要对"没有意义"的标准进行回顾。

9. 不要去追求完美。完美会让人困于各种细节的追求中。

10. 学会说"不"。一旦确定了哪些事情是重要的和有意义的，就要学会对那些不重要并且没有意义的事情说"不"。

学习笔记

二、确立目标的原则

当我们明确了自己的时间观念，并尝试建立理想的时间观念后，就要开始学习如何专注于当下，如"现在的我们对生活有着什么样的计划""我希望我可以做到哪些事情、完成哪些任务、锻炼哪些能力"。这就需要我们学习如何设定目标。一个理想的目标不仅仅存在于目标任务书里，并不是说它本身有多完美，而是它可以推着我们行动，激发我们的动力。因此，一个好的目标需要包括以下几个方面：

（1）目标的现实性（符合环境需要，切合实际）；

（2）目标的可实现性（具备达到目标的条件）；

（3）目标的可衡量性（易于看到进展）；

（4）目标的限时性（按照时间推动计划的执行）；

（5）目标的具体性（明确、清晰，如"我想要获得本科学位"）；

（6）一定要设定时间表（便于推动和执行）。

我们在面对一个问题时，在清楚界定目标和现状后，我们必须分析所有的限制性。所谓限制性包括：可以克服的困难自我、自我的心理设限和无法逾越的客观限制。

心理成长沙龙

请重新翻看你之前设定的目标，然后试着用理想目标确立的原则进一步具体化，同时写下你觉得在目标实现过程中会受到哪些限制。

随着时间推移，我们开始忽略自己的目标，会分心、会遗忘、会放弃，这时可以运用一些小技巧来提醒自己，如用卡片提醒自己、和他人谈论自己的改变和奖励等。

追求目标并不是一蹴而就的过程，而是一个一直努力，不断分析和随时调整的过程。看上去很辛苦，但如果这个目标是来自你内心的声音，是你一直想追求的理想生活，那么你还在犹豫什么呢？开始行动吧！

学习笔记

››› 学习任务三　我和网络世界 ›››

一、互联网与青少年发展现状

据中国互联网络信息中心（China Internet Network Information Center，CNNIC）发布的第 53 次《中国互联网络发展状况统计报告》，截至 2023 年 12 月，我国网民规模达 10.92 亿人，互联网普及率达 77.5%。我国人均每周上网时长已达到 29.1 小时，网民使用手机上网的比例达 99.9%。我国网约车的用户规模增长最为明显，达 5.28 亿人，其次为在线旅行预订和网络购物。

中国社会科学院发布的《青少年蓝皮书：中国未成年人互联网运用报告（2023）》显示，未成年人上网普及率几乎饱和，触网低龄化趋势明显。未成年人用网目的集中在学习和娱乐上，短视频类应用程序、网站最受未成年人欢迎。

研究表明，网络游戏使人成瘾的因素包括想完成游戏的动力、竞争的动力、提高操作技巧的动力、渴望探险的动力、获得高分的动力。网络游戏成瘾者常常在虚拟的世界中实现对权力、财富等需求的满足，并逐步代替现实生活中的有效行为和实践尝试，但是虚拟世界的满足永远无法代替现实生活，从而导致他们情绪低落、志趣丧失、生物钟紊乱、烦躁不安、人际交往能力丧失等，对网络游戏成瘾者的健康心理产生很强大的消极影响。

二、青少年网络游戏行为心理分析

（一）网络游戏动机

研究表明，玩家的网络游戏动机主要是体验控制感和成为英雄的快感与成就感，以及进行人际沟通和情感交流等。团队合作和竞争是两种重要的游戏动机。资深的网络游戏玩家通常具有很强的竞争动机，而网络游戏恰好满足了他们对竞争的需要，因此他们会更加投入。玩家可以在屏蔽自身信息和凸显自身优点的前提下，帮助他人、结交新朋友，进行社交互动。相对于现实世界，虚拟世界的人际交往有着其独特的魔力。

（二）网络游戏体验

所谓网络游戏体验，是指玩家在游戏过程中产生的主观感受和情绪体验，是他们在和网络游戏诸要素交互时产生的。每一个玩家对同一款游戏类型会有不同体验，可能是有趣、高兴或者无聊、挫折和烦闷等。这取决于个体和游戏的交互影响。个体在网络游戏中获得的积极感受越多，就越有可能在网络世界中满足自己的需要，从而与现实世界中的群体更加疏离，也就越容易出现网络游戏成瘾症状。

（三）玩家对网络游戏的信念

玩家对网络游戏的信念主要分为两种。第一，当玩家认为玩网络游戏有助于提升自己的效能时，他才会去玩。比如，玩家在网络游戏中能够发展和维护属于自己的人际关系，进而满足个人的控制感、虚拟幻想和成就感等。第二，玩家喜欢容易操作的网络游戏，当玩家对网络游戏产生了积极态度和评价时，他才有可能去玩网络游戏，从而增加成瘾倾向。

（四）玩家对游戏角色的态度、认同和依恋

网络游戏为玩家创建了一个独立于现实生活的虚拟世界。游戏设计者设计的游戏角色组成了一个和现实世界有很大脱离的虚拟世界。在这里，游戏玩家会在沉迷过程中花费无数时间和精力来建构游戏角色（如外貌、服饰、技能等的选择，等级、属性和装备等的提升）。选择与自我一致的游戏角色，为玩家提供了在虚拟

世界里试验和探索自我认同的机会。成瘾玩家认为自己的游戏角色与众不同，希望能在现实生活中像游戏角色那样行事，但由于现实世界的限制，成瘾玩家只能在虚拟世界里实现自己的期待和愿望，而这也更进一步加深了他们和现实世界的隔离。

（五）玩家的个性因素

研究显示，网络成瘾者一般具有某些特定的人格倾向，如更高水平的攻击性、敌意、孤独、焦虑、冲动、社交抑制和自恋，以及更低水平的自我调节、情绪智力、冲动控制和自尊等。青少年是一个非常敏感的群体，对外部的压力和变化的心理承受能力弱，他们常常比较容易陷入焦虑和抑郁情绪中。网络游戏能够让他们暂时隔绝和现实世界的联系，回避现实世界的冲突。但是过度的网络游戏就会让他们逐渐远离现实生活，无法平衡现实社会与虚拟游戏世界之间的矛盾和冲突。

三、青少年网络成瘾的测量和治疗

（一）网络成瘾的测量

网络成瘾的概念来自物质依赖和病理性赌博两个概念，匹兹堡大学的金伯利·扬（Kimberly Young）最早对网络成瘾现象进行了研究，依据美国精神疾病诊断标准（DSM-Ⅳ）对病理性赌博的界定标准，确定了 8 个网络成瘾的指标。

（1）觉得脑子里想的都是网络、电脑的事情（总想着先前上网的事情或者下次去上网的事情）。

（2）感到需要花更多时间在网上才能得到满足。

（3）多次努力试图控制、减少或者停止上网，但没有成功。

（4）当减少或停止上网时，感到心神不安、郁闷或者易激惹。

（5）每次上网实际所花的时间都比计划的时间要长。

（6）因为上网而损害了重要的人际关系，或者损失了受教育或工作的机会。

（7）曾向家人、朋友或他人说谎以隐瞒自己上网的沉迷程度。

（8）把上网作为一种逃避问题或排遣不良情绪（如无助感、内疚、焦虑、沮丧）的方法。

研究者认为如果符合 5 个以上的指标就可以判定为网络成瘾。

（二）网络成瘾的治疗

对于网络成瘾的治疗可以分为心理治疗（如认知行为治疗等）、运动治疗、药物治疗、综合模式治疗。心理治疗和药物治疗比较普遍，这两种治疗方式相结合

学习笔记

📝 学习笔记

的综合矫治方案也较多。比如，有研究者采用了药物治疗和心理治疗相结合方法对6名网络成瘾者进行治疗。药物治疗的目的是抑制大脑皮层，在睡眠和休息过程中恢复平衡，每日注射一次，连续用药3～5天，中断强迫性上网行为。心理治疗的目的是培养网络成瘾者除网络之外的广泛兴趣，让他们能够逐渐发现现实生活中的美好。研究结果表明，综合模式治疗的效果优于单纯的药物治疗。

心理成长学堂

基于焦点解决短期疗法的网络成瘾治疗

焦点解决短期疗法（Solution Focused Brief Therapy, SFBT）发源于20世纪70年代，强调以问题解决为核心，而不过度执着于问题的成因。认知疗法和家庭疗法在某种程度上可以看作基于问题成因的治疗，而SFBT集中于问题，为网络成瘾的治疗提供了另外一种思路。

有研究者采用了结构式治疗程序，治疗框架主要包括以下7个方面。

（1）强调正向积极作用。每个人都有改变的力量。目前所处的困境只是意味着个体暂时没找出解决网络成瘾的方法而已。

（2）循序渐进，由简单的、较小的改变起步。成瘾者一开始更希望能够在较短时间里迅速完成改变，但这往往很难完成。可以从相对比较简单的小改变开始，这样一方面可以增加网络成瘾者对改变的信心，另一方面也可以减少原有任务的难度，小改变将会引发大改变。

（3）例外架构，寻找例外的成功。询问当事人在没有上网时是怎么想的和怎么做到的。找到例外对于那些对自己已完全绝望、认为自己永远无法改变的网络成瘾者来说，就等于找到了成功的一线希望，能重建其改变的信心。

（4）建构有效的解决模式。一般网络成瘾者在现实世界中总有着自己的问题，他们用上网、玩游戏等消极、无效的方式来回避现实问题，可惜这往往并不能奏效，反而让他们自己陷入一种恶性循环，甚至会带来更多问题。这说明为了突破困境，往往需要网络成瘾者改变过去的习惯性不良解决模式，重新建构有效的解决模式。只有真正不纠缠过去的问题，面对困难，积极寻求解决方法，才能真正解决问题。

（5）假设解决架构，使用奇迹问题、水晶问题等，如"假如未来有一个奇迹发生，问题都不存在了，你觉得自己会干些什么""假如你有一个水晶球，它能预知未来，那你希望一周后自己发生什么样的改变或看到自己发生什么改变"等，从这些奇迹问题中引导当事人看到未来的可能，并激励他们积极采取行动。

（6）评分式问句。例如，"假如10分代表你想要达成的目标，而1分表示你最不满意的状况，你目前可打几分"。通过这些数字将当事人的问题、感受、情绪、动机、态度、想法等抽象的、模糊的状态转变成具体的、可量化的资料，从这个转变过程中可引导出当事人改变愿景的动力，并将其转化成具体操作的小步骤，从而引发下一步的有效行动。

（7）其他，如关系导向问句、外在化问句、追踪性问句、适应性问句、家庭作业等。

心理游戏 ⟫⟫

一、你的时间观

如表 1.2 所示，阅读下面的每个项目，诚实地回答："这符合我的情况吗？"如果符合，请打"√"。

表 1.2　自我评估

问题	得分
1. 我常常想，有些事情我本不该那么做。	
2. 我的决定大多受到我周围人或事物的影响。	
3. 过去的令人难受、痛苦的事情在我脑海里不断重现。	
4. 我已经为自己过去的胡作非为和自暴自弃付出代价了。	
5. 但愿我在过去做的那些错事能一笔勾销。	
6. 事情极少是按照我所期望的那样发生的。	
7. 我很难忘记以前我自己经历的那些不开心的情景。	
8. 即使我对现在很满意，但还是会把现在与过去的那些类似的事情比较。	
9. 我会想那些过去发生在我身上的不好的行为。	
10. 我会想那些在生活中已经错过的美好事物。	

当你在对以上 10 道题目中超过 8 道都是做肯定回答时，那么很有可能你更多是采用一个聚焦于过去出过错的所有事物的时间观，很多时候你都秉持着一个理念："不管我怎么做，我的生活将永远无法改变。"如果这个时间观已经影响到你的生活了，就需要你到学校心理咨询中心寻求专业的支持。

二、网络成瘾完整版量表

想对网络成瘾有更为详细的判断，可以参考表 1.3 中的问卷。

表 1.3　网络成瘾完整版量表

项目	完全不符合	不符合	无法确定	符合	完全符合
1. 上网常常超过自己事先的规定。	1	2	3	4	5
2. 因为上网而忘了做作业。	1	2	3	4	5

项目	完全 不符合	不符合	无法 确定	符合	完全 符合
3. 经常觉得上网比跟同龄人一起玩更有意思。	1	2	3	4	5
4. 经常在网上结交新朋友。	1	2	3	4	5
5. 经常听到别人抱怨"你花太多时间上网了"。	1	2	3	4	5
6. 经常因为花太多时间上网而影响了学习和成绩。	1	2	3	4	5
7. 不顾身边需要解决的一些问题而上网查电子邮件或看留言。	1	2	3	4	5
8. 常常觉得由于上网而影响了你的学习成绩和效率。	1	2	3	4	5
9. 当别人问起你在网上做什么事情时，你尽量隐瞒自己的所作所为。	1	2	3	4	5
10. 常常觉得通过上网能够消除生活中的烦恼。	1	2	3	4	5
11. 常迫不及待地想再次上网。	1	2	3	4	5
12. 常常觉得如果没有互联网，生活将变得无聊、空虚或烦躁。	1	2	3	4	5
13. 在你上网时，如果有人来打扰，你会觉得很生气。	1	2	3	4	5
14. 经常因为上网而缺少睡眠。	1	2	3	4	5
15. 下网离线时，常常会觉得若有所失或恋恋不舍。	1	2	3	4	5
16. 上网时经常对自己说"再玩一会儿就不玩了"。	1	2	3	4	5
17. 曾想努力减少上网时间，但是觉得做不到。	1	2	3	4	5
18. 经常设法对自己的家人隐瞒上网的时间。	1	2	3	4	5
19. 更愿意选择待在网上，而不想跟别人一起玩。	1	2	3	4	5
20. 下网离线时，你常常觉得开心不起来，而一旦重新上网，就会开心起来。	1	2	3	4	5

🖊 学习笔记

　　网络成瘾完整版量表采用1～5点计分，分别代表完全不符合、不符合、无法确定、符合和完全符合。量表总分范围在20～100分：得分在20～49分的测试者为网络使用程度还在可控范围内；得分在50～79分的测试者尚没有明显的网络成瘾症状，但是需要注意调整自己的网络成瘾行为；得分在80～100分的测试者已经有了明显的网络成瘾症状。

⚙ **自我成长** ⋙

　　1. 健康对于不同的人来说是不同的事情。当你思考这个问题的时候，你应该去想生活中你最看重的是什么。看看你现在正在做的哪些事情有助于你保持健康的状态。你是如何区分这些事情的优先级的？

2. 在日记中记下一周里，所有你做过的对身体有益和有害的活动。你可以列出你吃了什么、睡觉的方式以及你为锻炼和休息所做的工作等。然后仔细研究这个列表，从中选出一个或者多个你愿意继续的项目。

3. 改变需要有明确的目标、坚定的行动、灵活的计划等各种因素，请列出目前你最想改变的事情，然后依据这个设计自己的目标和行动方案，请留意可能影响你的因素。

4. 请举例说明网络对你的影响有多大。如果给你一天时间，让你不带手机、不去上网，你会如何来安排你的生活。

5. 有人说，虚拟世界之所以迷人，是因为现实世界里没有他们想要的东西和感兴趣的事情。请列举除了上网之外你还有什么兴趣爱好？这些兴趣爱好是如何影响你的。

6. 网络对人的影响是一把双刃剑，关键是自控力。请分享一下，在面对网络成瘾时，你是如何把控自己的。

学习笔记

项目二
寻找自我

知人者智，自知者明。

——老子

📖 项目导航 ⟫⟫

1. 了解自我意识的概念、发展特点和调整方法。
2. 能够准确地认识自己的心理特点和性格特征。
3. 树立客观认识自我的意识，对心理测验持科学对待的态度。

📖 自我评估 ⟫⟫

依据个人的真实情况，以下这些描述符合的记1分，不符合的记0分。

1. 回忆过去，我仍能体会到自己在那个时候的安全感、被接纳感和被爱的感觉。

2. "应该"和"必须"这样的问题经常会困扰着我，使我无法按照自己希望的方式生活。

3. 我的家庭对我的为人处世，以及在重大问题上的抉择产生了很多积极的影响。

4. 我觉得自己是一个能够独立思考的人，而不是一个在情感上仍然依赖着父母的人。

5. 我很满意现在的外貌和身材，不认为自己需要去做一些重大的改变。

6. 我生活的大部分时间都花在了我自己真正喜欢的事情上。

7. 对于身边的同学和朋友，我能够从他们的角度来看待问题，而不是用统一的标准来衡量。

8. 我认为自己可以给自己很多安全感，而不是从其他人身上去寻找安全感。

9. 对于未来的挑战，我会要求自己积极应战，尽自己的努力，而不是要求事事完美。

10. 虽然自己有着各种各样的局限性，但是我还是很喜欢真实的自己。

🖼 **成长故事** ⋙

我是被爷爷奶奶带大的。他们虽然很疼我，但是因为年纪太大了，很多时候都没有精力来教我和管我。一直到快上小学的时候，爸爸妈妈把我接了过去，想给我提供最好的教育。可是我和他们并不亲近，很多心里话都没有办法和他们说。幸好，我有三个很好的朋友，他们一直在我的身边陪着我。可是到了大学后，我和他们的距离远了，原先亲密的关系也变得疏离了。所以，现在我很孤独，不知道该怎么办。

👤 **项目探索** ⋙

⋙ 学习任务一　我是一个怎样的人 ⋙

一、自我的定义

你是谁？你如何成为自己所称的"我自己"？美国心理学家威廉·詹姆士（Willian James）描述自我知觉的二元性：第一，自我是由对自己的看法与信念组成的；第二，自我是个活跃的信息处理器。我们称自己的已知面为自我概念，也就是自我的内容（我们对"自己是谁"这个问题的了解），并称自我的知悉者这一方面为自我觉知，也就是以自我为思考对象的行为。自我的这两个层面结合起来，就建立了一种连贯的认同感：自我是一本独特的书，每个人既是这本书的读者，也是这本书的作者；它不仅充满着长期累积下来的引人入胜的内容，而且作者在任何时刻都能自由读取章节、任意增添章节。

二、自我的功能

第一，自我的组织功能，帮助我们组织对社会世界的了解；影响我们所注意到的、所思考的以及所标记的信息。比如，我觉得自己是一个非常积极的人，这个积极的自我意识会让我更加留意周围生活中让我更开心、更积极的信息，更愿意从积极的角度去解读这个世界发生的事情。

第二，自我的管理功能，它就像一个公司的首席执行官，规范着人们的行为、选择以及将来的打算。那就是说，我会在未来有更加乐观、积极的计划。比如，我认为我自己会找到一个喜欢的工作，并且愿意付诸努力，也相信自己会收到丰厚的回报。

三、自我定义的文化差异

当你做决定的时候，你更愿意听从周围人的意见，还是从你内心真实的感受出发？当你对一个社会事件发表言论时，你更在意的是他人是否支持你，还是你自身有什么样的看法？你的回答多少会反映出你的自我概念的本质，以及你成长环境中的文化氛围。其中，很多亚洲人拥有相互依存的自我观，即以自己和他人的关系来定义自我。在这样的文化中，个体与集体的连接和相互依存程度会受到检阅、重视与赞扬。

四、认识自己的途径

（一）通过内省认识自己

1. 对自身生理状态的认识和评价

对自身生理状态的认识和评价指个体对自己的身高、体重、性别、容貌等的认识，以及身体上的病痛、劳累、疲倦的感受等。身体自我是指个体对自己身体的认识和评价，是个体自我意识中最先发展的部分，是影响大学生自我满意度的重要因素。

2. 对自身心理状态的认识和评价

对自身心理状态的认识和评价指个体对自己的认知、兴趣、情绪、爱好、能力、气质、性格等的认识和评价。如果一个人对自己的心理自我评价过低，嫌自己能力差、充满负面情绪，因觉得自己不聪明、性格不成熟、自制力差而否定自己，就会产生更多的消极情感体验。

3. 对自己与周围社会关系的认识和评价

对自己与周围社会关系的认识和评价指个体对自己在群体中的位置、作用，以及自己和他人相互关系的认识和评价。如果一个人认为自己很有领导才能，喜欢组织其他人一起去做各种事情，这样就会让他感到很有力量。

心理成长沙龙

我是谁

1.请闭上眼睛，放慢呼吸，想一想自己是一个什么样的人，然后睁开眼睛，在纸上以"我"开头写出关于自己的20个句子，要求尽量选择能反映个人特点的，真正代表独一无二的你的语句。

我
....
我
....

2.请仔细查看这些句子，将你所陈述的内容归类。

A.描述身体状况（如年龄、身材和外貌等）的有几项。

B.描述情绪状况（如基本的情绪状态）的有几项。

C.描述才智状况（如兴趣、能力）的有几项。

D.描述社会关系状况（如在群体关系中的地位、与他人的关系等）的有几项。

选出5个你觉得最能代表你自己的特征，同时也愿意和同学分享的特征。

3.请仔细查看这些句子，选出3个你觉得最想改变的特征，同时写下你想通过什么样的方式来改变自己。

4.请评估一下你对自己的评价是肯定的、正面的，还是负面的、否定的。你可以在每句话的后面标记上加号（表示肯定的、正面的）或减号（表示负面的、否定的态度）。看看你标记为加号与减号的评价的数量各是多少。

如果你的加号多于减号，说明你的自我接纳状况良好；相反，如果你的减号将近一半甚至超过一半，就表示你可能不能很好地接纳自己，这时你需要好好地反思，是什么影响了你对自己的喜爱，你在哪一方面过低地评价了自己？是什么原因造成的？可以用哪些方法来改善？

从头到脚的清单

请完成表2.1，好好思考你喜欢和不喜欢自己的哪些部分。你也可以写出任何你认为重要而这里没有列出来的身体部位。

表2.1　身体部位评估表

身体部位	喜欢	不喜欢	可以改变	不可以改变	备注
头发					
眼睛					
鼻子					
嘴唇					
牙齿					
脸型					
肤色					
耳朵					

续表

身体部位	喜欢	不喜欢	可以改变	不可以改变	备注
肩膀					
手臂					
胸部					
腰部					
臀部					
腿、膝盖					
脚、脚踝					
身高					
体重					
其他					

　　健康的身体和积极的身体意象会给你带来愉悦感，也有助于个体做自己想做的事情。你可以问一下自己，是否是身体阻止你做你愿意做的事情。如果是，那么你可以研究一下为了改变这种情况，你愿意做些什么。自我评判和自我责备都不能够带来改变。接受身体、决定你能做什么和你想要做什么来增强体质才是改变的开始。

　　我们很少遇到对自己的身体外形真正满意的人。在说"我不喜欢自己的体形"的人和持续与控制体重做斗争的人之间还是存在显著差异的。评判自我、告诉自己是无可救药的、对自己改变的速度失去耐心都不是了解身体的有效方法。一旦这样评价自己，我们就限制了正向的反馈。任何不支持自我知觉的反馈都会让你高兴一阵儿，但不会持久。我们对身体的看法和所做的决定与生活中其他领域的选择关系密切。人们对自己的身体的看法和他们所认为的别人对自己的看法对个体的影响非常重要。一些人认为，自己的个性没有吸引力、不吸引人，这些自我认知可能会对个体生活中的重要关系和生活领域产生强烈的影响。如果你认为自己非常没有吸引力，就会觉得别人因为看到你的缺点而不愿意和你在一起，通过你给他们传递的消极信息促成了他人对你的反应，别人会认为你是一个孤僻的、冷漠的人。即使你想和别人接近，也可能担心被别人拒绝。

　　从自我观念的角度出发，可以分为现实自我、投射自我和理想自我。

　　现实自我是指个体在与周围关系和现实环境的相互作用中所表现出来的实际行为的意识或者现实呈现的各种情况。它是自我现实和社会存在的相互作用下的

学习笔记

真实反映。

投射自我是个体想象的人际关系中的人对自己的看法和评价。它与现实自我可能存在差距，也就是说，自己对自己的看法和想象中的别人对自己的看法往往是有差距的。投射自我对个体现实自我的形成也发挥着一定的作用，这是因为个体会把他人，尤其是重要他人对自己的看法和评价作为重要参考，进而形成对自己的看法。

理想自我是指个体由内心的需要或者期待建立起来的有关自我的理想化形象。理想自我的内容不仅是客观社会现实的反映，而且包含着对现实社会规则，以及这些规则是否满足个体需要的反映，只是这些内容整合的理想自我可能是唯心的，而不一定是实际存在的。

现实自我和理想自我的形成都与社会关系的影响息息相关。现实自我是个体和社会环境的相互作用，理想自我是他人关系和社会要求内化后在个体内心中整合而成的自我的理想形象。

人们总是按照理想自我来塑造自己，理想自我是现实自我努力的方向，由于一般人特别是青年人往往以为理想中的自己就是现实的自己。因此，现实自我总是带有不可摆脱的理想自我的痕迹。一般情况下，当个体的理想自我是建立在客观的社会环境和人际关系基础上的，理想自我就可以在现实自我和社会环境之间发挥积极作用，指导现实自我积极主动地适应社会环境和人际关系。这时，理想自我、现实自我和社会关系的要求就可以达到协调一致，整体自我得到健康发展。

心理成长沙龙

人际关系中的"我"

每人准备好一支笔，试着描述他人眼中的"我"。

父亲眼中的"我"	母亲眼中的"我"	兄弟姐妹眼中的"我"

朋友眼中的"我"	老师眼中的"我"	自己理想中的"我"

（二）通过观察我们自己的行为来认识自己

假设你的一个朋友问你是否喜欢健身。你犹豫了下，因为你以前从来都不去健身房，但是最近开始喜欢在那里流汗的感觉。你会说："我也不知道，但是昨天在那里健身的时候，我发现自己坚持的时间越来越长了。"如果是这样的话，你运用了一种重要的自我认识方法——观察自己的行为。

当我们不确定自己的态度和感受时，会通过观察自己的行为、感受或当时的情境，来推论自己的态度和感受。我们会判断，自己的行为是否真实地反映自己的感受，还是受情境的影响。比如，要是你知道自己肯定喜欢健身，你就不需要由自己的行为来推论了。但如果你去健身房是因为他人的邀请才不得不去，你就不太可能说自己喜欢健身了。

我们任何行为的背后都有我们的动机。动机主要分为两种：内在动机和外在动机。内在动机是指因为喜欢某项活动或觉得该活动有趣（但不是因为外在的奖赏或压力）而产生从事该活动的欲望。外在动机是指因为外在的奖赏或压力（但不是因为喜欢该活动或觉得该活动有趣）而产生从事某项活动的欲望。比如，西佐治亚大学的教授决定对贫困的学生提供较为丰厚的奖励。他发起了名为"从学习中赚钱"的计划，在该计划中，低收入家庭的学生每读一本书就可以获得两美元的收入。奖励是一种非常有用的激励因素，这项计划也的确让学生能够多读书，但是，我们很难知道他们读书是为了赚钱，还是他们觉得读书本身是一项很有意义的活动。

（三）通过他人认识自己

认识自我不是在单独的背景下发展的，而是在我们与周围人的作用下形成的。如果我们一直都没有和其他人发生接触的话，我们对自我的认识就会是模糊不清

学习笔记

的。社会比较理论认为当我们没有可以使用的客观评价自己的标准时，我们就会将自己与他人进行比较。通常，我们选择将自己同与自己相似的人比较，因为这最有用。在相应的品质方面，将自己同比自己更强的人比较，可以帮助我们定义优秀的标准，将自己同比自己更差的人比较，这样可以使我们对自己当前的态度和感觉更好。

≫ 学习任务二 大学生的心理发展课题——同一性 ≫

一、同一性是什么？

青春期的个体开始展示出一种鲜明的自我意识，来评价自身在社会和生活中新形成的位置。在青春期，诸如"我是谁"和"我属于这个世界上的哪个地方"这样的问题开始被放在首要位置。

为什么同一性问题在青春期变得如此重要？一个理由是青少年的智能变得更为成人化。他们可以通过与他人比较来认识自己，能够意识到自己是独特的个体，不仅独立于父母，还独立于其他所有人。青春期的个体都能敏锐地意识到自己的生理变化，并逐渐发现他人正在以不同于以往的方式对自己做出反应。无论什么原因，在这个时间段里，青少年的自我概念和自尊都发生至关重要的变化。总的来说，他们对自身的同一性的看法产生了变化。

青少年对别人的观点和他自己的观点的区分代表了青春期的一种发展进步。在童年时，个体已经根据一系列关于他自己的看法塑造自己的特质，而在这些看法中，他尚未区分哪些是自己的，哪些是别人的。然而，青少年却能够做出这种区分，他们在试图描述自己是谁时，能够将自己的观点和别人的观点综合起来考虑。

青少年对"我是谁"的理解日益深刻，而其中一个方面就是以更广阔的视角看待自己。他们可以同时看到自己的不同方面，而且这种关于自己的观点变得更有组织性和一致性。他们以心理学家的视角看待他们自己，不仅将特质看作具体的实体，还看作抽象的概念。例如，相比于年幼的儿童，青少年更可能根据自己的意识形态（如"我是一个环境主义者"）而不是生理方面的特性（如"我是我们班里跑得最快的人"）来描述自己。

然而，在某种意义上，这种更广的、更多面的自我概念让人喜忧参半，尤其是在青春期开始的头几年。那个时候，青少年可能为他们个性的复杂性所困扰。

例如，在青春期早期，青少年可能想以一种特定的方式来看待他们自己（如"我是一个善于交际的人，喜欢和他人待在一起"）。当行为与观点不一致的时候，他们可能变得忧虑（如"尽管我想变得善于交际，但有的时候，我只想一个人待着"）。然而，在青春期末期，他们发现自己能够接受不同情境引发不同的行为和感受。

二、同一性形成：突破或延续

当青少年面对青春期同一性危机时，对同一性的寻求不可避免地使一些青少年体验到真切的心理混乱。在这个独特的阶段里，他们会努力尝试发现自身的优点或缺点，以及在未来生活中他们能够扮演的最好的自己。青少年在这个过程中常常要去"尝试"各种角色或选择，以及在这些角色或选择中发现自己是否具备相应的能力和观点。

心理学家埃里克森将青少年这个阶段称为同一性对同一性混乱阶段。在他的观点中，青少年如果在寻求同一性的过程中遇到阻碍，可能会以某些方式脱离同一性形成过程。他们可能扮演社会所不接受的角色作为表达他们所不想成为的那种人的一种方式，或在形成和维持亲密关系上出现困难。与此相对应的是，那些成功完成了同一性探索的人会为自己设置未来的成长路线，更好地奠定了自己未来的心理发展路线。他们能够了解自己独特的能力，并且相信自己可以完成，然后相应地发展出对自己是谁的准确认知，并且已经准备铺设一条可以充分使用自己独特能力的道路。

在这个阶段，大学生可能会被父母和朋友反复询问"你学的是什么专业"和"当你毕业时，你打算做什么"。这个阶段大学生的社会压力是很大的。青少年对成年人的依赖会有很大程度的下降，他们会越来越依赖同伴作为信息来源。还有一些人会处于一种"心理的延缓偿付期"，他们会推迟承担自己即将面临的成年人责任，仍然停留在探索各种角色和可能性的阶段。

心理学家詹姆斯认为，在这个阶段，青少年能够有意识地从多种选择中做出自己的抉择。

我们可以看到以下两个青少年的差异：一名青少年在不同的活动中换来换去，没有哪个活动持续时间长于几个星期；另一名青少年则完全投入社会志愿者服务活动。以下为四种不同的同一性课题完成状态。

①同一性获得。在这个阶段，青少年已经相对较好地完成了"我是谁""我想

做什么"的课题。在思考并且尝试了各种选择之后，这个群体已经确定了对自我的认识。这些青少年的心理健康水平处于一个比较稳定、健康的状态，相对于其他群体，他们的成就感和道德推理水平都会更高。

②过早自认。一些青少年还没有经历过对各种选择的深入探索的危机阶段，就已经形成了自我的同一性。他们完成这个课题的答案是别人为他们做出的最好的决定。尽管他们不一定不开心，但他们往往高度需要社会赞许。

③同一性延缓。处于这个阶段的青少年对各种选择进行了探索，但是还没有最后决定。心理学家认为，一方面，这个群体表现出相对较高水平的焦虑，并体验着各种心理冲突；另一方面，他们往往是活跃的和有魅力的，寻求与他人发展亲密关系。他们也在努力回答"我是谁"的课题，但在这个过程中需要经过一定的努力后才能找到答案。

④同一性扩散。这个阶段的青少年既不会去探索也不想去思考各种选择。他们经常变来变去，从一个事情换到另一个事情上。他们看上去似乎无忧无虑，但对承诺的缺乏损害了建立亲密关系的能力。在实际生活中，他们通常不愿意和现实生活有太多的接触。

我们需要注意的是，整个青少年群体并不完全属于这四个分类，有些青少年会在这些状态中循环，或者有些青少年在同一性延缓和同一性获得之间不断摇摆。比如，某个大学生没有经过太多探索就从事某种职业，但是后来又反复寻求其他选择。

心理成长沙龙

认清你最本质的价值观

请同学们首先通读一遍下面的词汇，然后凭借自己的感觉，选出你认为比较重要的词，尤其是那些你觉得非常符合你自己的词。请注意，请选择你真正想选的词，而不是选择你认为应该去选的词。请选出那些真正表达了你的本质的价值观的词。

富有	完成	需要	冒险	灵敏	改变	激起	清晰	才华	收集	助手	造诣	体贴	吸引
加强	敬畏	认可	好笑	警惕	觉悟	约束	联系	融入	高兴	连接	热情	存在	敏感
神经	美丽	福气	勇敢	建设	冷静	能力	原因	教练	舒适	团体	同情	结束	设想
和谐	联结	满意	控制	胆量	危险	无畏	精致	愉快	可靠	设计	发觉	奉献	指引
识别	辨别	戏剧	梦想	教育	优雅	强调	鼓励	努力	资助	激发	精力	能源	享受
愉悦	报名	娱乐	精彩	兴奋	实验	专家	解释	推动	家庭	培养	自由	有趣	魅力
管理	优美	伟大	感激	极致	引导	休闲	健康	神圣	老实	遵守	幽默	想象	印象

改善	联系	影响	通知	巧妙	好奇	鼓舞	命令	完善	廉正	发明	学习	壮丽	权力
部长	模特	前进	观察	开明	谱曲	新颖	战胜	耐心	和平	人民	感觉	完美	严格
劝说	计划	游戏	好玩	高兴	准备	盛行	堆积	寻求	明亮	实现	精练	虔诚	迷信
反应	负责	危险	浪漫	规则	满足	分数	安全	看到	寻找	轰动	知觉	性感	安详
服务	规范	忠诚	空间	闪亮	思索	精神	率真	运动	刺激	加强	特权	支持	误会
尝试	关怀	未知	体贴	颤抖	促成	贡献	创造	发现	经历	感受	激动	领导	养育
讲述	教授	团结	获胜	接触	转型	胜利	可信	真理	转变	揭示	理解	差异	独立
风险	值钱												

当你把你觉得最符合自己的词选出来之后，请再把你认为重要，但是没有出现在这张表上的词写出来。

....

....

现在，你已经选出了所有对你很重要的词。请重新审视这些词，把选出的这些词缩减到 10 个。

....

....

请再仔细审视这 10 个词，并感受你看到这些词时的想法。最后，请在这 10 个词中选择 4 个词来代表你自己。

....

....

当你审视这 4 个词的时候，请回答下面的问题。

（1）通过这个练习，你对自己有了怎样的了解？

（2）这些价值观在你的生活中是如何体现出来的？

（3）你的哪个价值观仍需要以其他方式加以体现？

（4）回顾你的生活，这些价值观是如何影响你的行为的？

（5）如果某人拥有这些价值观，你会如何描述他？

≫　学习任务三　从人格的角度认识自己　≫

学习笔记

一、人格是什么？

　　行为是由我们所处的情境决定的，还是由我们的人格类型决定的？这是心理学界历时已久、不断争论的课题。今天心理学家的共识是，情境和个人这两者共同决定着行为。可以肯定，我们会依据自己所处的环境和周围不同的事情，做出攻击、恐惧、抑郁、难受、友好等不同的反应。但需要注意的是，即使处于同一个情境，每个人的行为也是不一样的。

　　人格的定义是个体稳定的行为模式和内部心理过程。这些行为模式和内部心理过程都是在个体内部发生的，但这并不意味着说外部的物理环境对人格是没有影响的。父母的教养方式在很大程度上影响孩子将来变成什么样的人。我们的情绪也是我们的内部心理世界对经历事件的反应。而在这个过程中发挥重要作用的不仅仅有情境，还有我们个人的内部心理过程，即个体在同样的情境中会有着不同的表达方式和应对方式。

二、探索人格

　　是什么决定了个体稳定的行为模式和内部心理过程？人格心理学家尝试从不同的角度来解释这个问题，相对比较系统、完整的有精神分析学派、人本主义学派、生物学派、行为主义和社会学习学派等。对于回答人格的这个问题，虽然不同流派学者强调了不同的重点，但是他们在帮助我们回答"我是谁"这一课题上都提供了一些有价值的东西。

（一）精神分析流派探索——梦

　　在精神分析流派中，无意识是非常重要的一个概念。其创始人弗洛伊德认为，无意识是人格中尚未被个体完全意识或者觉察的部分。在我们的日常生活中，无意识是行为发生的原因。弗洛伊德认为个体的梦境是通往无意识的捷径。因此，1900年他在《释梦》一书中，提出了一个用于解释梦的心理学理论。他提出梦为本我提供了舞台，代表了个体原始愿望的实现，代表了我们内心的期望。但这并不是说应该把每个梦都看作无意识想法和愿望。这是它们被压抑的首要原因。弗洛伊德认为这些想法在梦中以伪装的方式表现出来。因此，我们应注意区分梦明显表现出来的意义和真实隐藏的含义。这就是为什么我们经常会感到那些愚蠢荒谬的梦很可笑。那些梦对于我们来说似乎毫无意义，但对一个精神分析学派的心理治疗师而言，却包含了推测无意识的极有价值的线索。释梦的关键在于，我们的许多无意识想法都是以象征性的方式进行表达的，只是做梦人自己不知道这一点。

　　梦可以揭示我们在过去和现在的一些痛苦挣扎。梦同样也会告诉我们将来努力的方向。阻碍自己成长的一个最大的障碍就是不敢去设想那些可能的未来。我们自己没有去幻想并实现自己的梦，这是多么可惜的事情。

（二）特质流派探索——"大五"人格

人格结构是特质流派的核心概念。比如，这个流派的心理学家在对人格进行因素分析时发现了五个人格维度的证据，即"求新性"（openness）、"亲和性"（agreeableness）、"尽责性"（conscientiousness）、"神经质"（neuroticism）和"外向性"（extraversion）。这五个维度的首字母能组成人类人格"海洋"（OCEAN）的名称。

求新性是指个体创新、探究的态度。这包括个体丰富的想象力、好奇心和发散性思维，以及主动接受新事物。在这个特质上得高分的个体是独立的思想者，他们不会依从于习俗。得分比较低的个体则会比较传统，更喜欢熟悉、安全的事物，而不是新奇、陌生的事物。

在亲和性维度上得分比较高的个体更喜欢信赖他人和富有同情心，乐于助人，倾向于合作，而不是竞争。得分比较低的个体更喜欢竞争，为人多疑，喜欢为了自己的信念和利益不断斗争。

在尽责性维度上得分比较高的个体能够控制自己，更加自律，做事能持之以恒。得分比较低的个体会比较马虎，容易转移自己的注意力。

在神经质维度上得分比较高的个体会更容易感到忧伤，情绪比较容易波动，更容易因为日常生活的压力而感到心烦意乱。得分比较低的个体更多表现得比较稳定，不会因为情绪波动而容易忧伤，不太会表现出来特别大的情绪反应。

在外向性维度上得分比较高的个体更喜欢和人相处，乐观、友好和自信。得分比较低的个体更容易表现得自主，行为含蓄，个人独处的时间会相对更多一些。

对这个流派的主要批评是：首先，这个模型并不能涵盖所有复杂、精微的人性；其次，并不是所有的人格因素分析都和五个维度的结构相吻合；最后，这个模型缺乏相应的理论基础。

（三）生物学流派探索——气质

心理学家把一般行为倾向称为气质。心理学研究者认为气质是多种途径的表达，需要依赖个体经验发展为不同人格特质的行为和情绪类型。这些一般情绪发展成稳定人格特质的路径，取决于个体的遗传因素和成长环境因素间的相互作用。

人们普遍接受的气质模型可以分为三个维度，即情绪性、活动性和交际性。情绪性是指一个人情绪反应的强度，情绪反应强烈的个体更容易心烦意乱，更容易被情绪影响。活动性是指个体能量释放的一般水平，活动性维度上得分比较高的个体喜欢忙忙碌碌，不愿意把时间放在一个人独处上，很多时间都忙于参与各种活动。交际性是指个体的人缘和与人相处的特点，这个维度上得分比较高的个体会喜欢与人交际，更容易对他人做出反应。

（四）认知流派探索——性别记忆差异、抑郁图式

小明和同桌一起参加社会实践活动。活动结束后，小明觉得这次活动挺好玩，因为他看到了很多在课堂上无法真实接触的建筑设计。当小明把这个感受和同桌说起来的时候，同桌觉得参加这次活动的人挺有意思，都很有自己的想法。两个人处于同样的情境，为什么事后却有完全不同的印象？来自人格认知流派的答案是：两个人信息加工的方式有很大差异。小明注意并加工的信息是有关建筑物设计的，而他的同桌在参加这样的活动时早已做好了留心观察他人的准备。因为他们注意到的是不同的活动细节，所以对活动的印象截然不同，得到的经验也就不同。这些不同的印象毫无疑问会影响到他们参加这次活动的行为和以后对类似邀请的反应。个体不同的信息加工方式，让个体在同一情境中会选择不同的信息进行加工，进而形成了对事物不同的看法。

研究显示，记忆和提取信息的能力不存在性别差异，但是个体在记忆的内容上存在性别差异。

第一，情绪性记忆。女性比较善于关注自己和别人的情绪，她们更容易从情绪角度对与自身有关的信息进行编码，也能更好地回忆积极的和消极的情绪经历。相对于男性，女性的各种情绪性记忆之间的认知联结也更为紧密，即记起一件令人伤心的事情较容易触发自己关于另一件令人伤心的事情的记忆，而对男性来说可能并非如此。

第二，对人际关系的记忆。心理学者认为男性和女性的不同交往方式促使他们形成了不同的自我认知表征。男性形成了一种独立的自我解释。女性倾向于形成一种依存性自我解释，即与他人的认知表征密切相关。特别值得指出的是，女性依存性自我解释的认知表征和那些重要他人尤为密切，女性更看重亲密关系中自己的爱人或重要的朋友是如何看待自己的。女性也更容易根据自己和别人的关系来界定自己。女性之所以比男性更容易回忆一些经历，是因为这些经历中包含了其他人。

每天我们都会遇到一些好事、一些坏事，还有一些没有明确情绪意义的偶发事件，我们会去注意哪些事情，忽略哪些事情？认知心理学家认为，最快乐的人是那些注意积极信息，同时忽略消极信息，并且尽可能把模糊信息看作积极信息的人。这就像是用一副玫瑰色的眼镜过滤着生活中的各种信息来维持个体的心理健康。还有一些人戴着蓝色眼镜，使用抑郁图式进行信息加工。抑郁图式，是一种包含了对各种抑郁实践的记忆以及相关想法和相互关系联系的人的认知结构。这些戴着蓝色眼镜的个体更加倾向于注意消极信息，忽视积极信息，并用抑郁图式解释模糊信息。因此，他们更容易想起不开心的事情，并常把当前的伤心事情

和过去的伤心事情混在一起。他们采用了一种长久保留的消极思维模式，排斥积极的思维认知，因此更容易感受到抑郁情绪。

由于抑郁者常常使用抑郁图式来加工信息，因此心理学家会预期他们比那些没有抑郁情绪的人更容易回忆起一些悲伤的记忆。有实验证实了这个假设，研究者给被试呈现一系列词语，并让他们回忆每个词语在大脑中引发的真实生活经历。结果证明，被试在抑郁状态下回忆起来的大多数记忆都是不愉快的，但是，当被试在未抑郁状态下的时候，他们能回忆较多的愉快记忆。

»» 学习任务四　我有多喜欢自己 »»

一旦我们认识了自己，就会面临两个事实。第一，我们通常会尝试通过自我表现和印象管理的过程来控制在他人面前表现出来的自我。我们在现实生活中常常发现有的人为了面子问题，而选择各种消极的自我妨碍策略。自我妨碍又称自我设阻、自我设限，是指人们给自己的成功设置障碍，通过采取行动或者选择目标来提高对失败做外部归因的机会，从而避免或减轻失败的消极含义。自我妨碍是发生在成就行为之前，目的是给预期可能的失败找到一个合理的借口。然而，预先准备的借口存在的一个问题是我们自己可能会相信这些借口，所以我们就不会那么努力了。自我妨碍策略的使用，正是源于对失败的恐惧，源于理想自我和现实自我的差距过大。

第二，我们要注意的是"知道自己是谁"和"喜欢自己是谁"是完全不同的两个方面。虽然我们能够越来越了解自己，但这并不意味着我们会更加喜欢自己。事实上，我们在理解自己方面越来越准确的知识是我们可以全面地看待自己，如实描绘自己。我们根据这种知觉去行事，正是这种知觉引导我们发展出自尊。

同样，这种认知复杂性不但使青少年能区分自我的各个方面，也引导着他们用不同的方式来评价这些方面。例如，青少年可能在学业表现方面有高自尊，但在与他人的关系方面有低自尊。或者可能相反，正如一个处于青春期的女孩所说的："我有多喜欢自己这样的人呢？好吧，我喜欢自己的一些方面，但不喜欢其他的一些方面。我喜欢的是自己受大家欢迎，因为拥有朋友对于我来说非常重要。但在学校中，我不如那些聪明的同学。但我的父母认为聪明很重要。当我做得并不像他们所期望的那样好时，我觉得自己令他们失望了。"

我们需要增加对自己的喜爱程度，挑战自己内心的批评声音。

①不许犯错。"既然我已经做出一个错误的选择，那么我索性就不再做任何重要的决定了，因为我害怕再次失败。我最好做到完美，因为我不能犯任何错误。"

②你不重要。"看看别的同学，他们都比你好，你怎么会这么差。看看你做的这些事情，只有傻瓜才会去做。你怎么老是在做这些没有意义的事情。"

③别相信其他人。"这个世界上只有自己是最可靠的，其他人只会伤害你，所以你不要去相信任何人。不要去和其他人太亲近，他们只会利用你。你只能依靠你自己。"

④你要完美。"做任何事情都要做得最好，这样才能证明你的价值。只有把所有的事情都做好了，才能证明你存在于这个世界的价值。你要比任何人都要做得好，这样才行。"

心理成长沙龙

请补充你内心中还存在哪些批评的声音。

只有在自己的内心中找到和平，才能和自己、和重要他人和平相处。其实每个人在成长之后都有自己的选择，可以决定自己成为什么样的人，不再被过去的声音束缚。只要我们现在的自己负起责任，我们就可以成为主宰自己的人。

心理成长沙龙

内心的我

请根据提示完成句子。

对我来说，成为一个独立负责的人就意味着

我从父母那里获得的最有价值的东西是

在从父母那里获得的东西中，我最不喜欢也最想改变的是

如果我能改变过去的一件事情，我希望是

我对独立最担心的是

我发现有时候我很难做自己，这种情况往往是

我觉得最自由的情况是

心理成长学堂

你可能感兴趣——形成自己的判断

为了更好地生活，我们常常是不缺乏忠告的。畅销书、杂志和报纸等，对每一个可能的话题都提出了建议。生活中的每个人都被大量信息包围，然而并不是所有建议都有效。事实上，这些建议并不一定合理或正确。所幸，一些指导方针可以帮助我们区分它们。

· 考虑建议的来源。来自常设的、受权威的组织的信息，通常是经过长时间验证的，具有较高的准确性。

· 对建议提供者的背景仔细评估。在相关领域受到承认的研究者或专家，其信息的准确性更高。

· 了解逸事证据和科学证据的不同。逸事证据基于某种现象的一两个事例，是偶然被发现或出现的；科学证据则基于谨慎、系统化的程序。

· 不要忽视信息的文化背景。尽管某项主张在某些环境中是有效的，但它可能并不适用于所有环境。

· 不要假定很多人相信的事情一定是正确的。科学评估证实，一些关于不同方法有效性的最基本假设都是错误的。

心理游戏 ≫

学习笔记

一、相互依存性和独立性的评价

以下为独立与相互依赖性量表，请标识出你对这些陈述同意或反对的程度。

　　　　　　　　　　　　　强烈反对　　　　　强烈赞成

1. 我的快乐取决于周围其他人的快乐。　　1　2　3　4　5　6　7

2. 我会为了团体的利益而牺牲个人的利益。1　2　3　4　5　6　7

3. 对我来说，尊重团体的决定很重要。　　1　2　3　4　5　6　7

4. 要是我的兄弟姐妹失败了，我会觉得自己也要负责。

　　　　　　　　　　　　　1　2　3　4　5　6　7

5. 即使很不赞同团体成员的决定，我还是避免起争执。

　　　　　　　　　　　　　1　2　3　4　5　6　7

6. 由于受到称赞或奖励而接受他人的注目，我可以坦然地面对。

　　　　　　　　　　　　　1　2　3　4　5　6　7

7. 能够自己照料自己，对我来说是第一要务。

　　　　　　　　　　　　　1　2　3　4　5　6　7

8. 我更喜欢以直接的态度来面对自己刚认识的人。

　　　　　　　　　　　　　1　2　3　4　5　6　7

9. 我喜欢当个独特的、在很多地方都与众不同的人。

　　　　　　　　　　　　　1　2　3　4　5　6　7

10. 独立于其他人之外而存在的自我认同，对我来说非常重要。

1 2 3 4 5 6 7

上述问题取自辛格利斯（Singelis）设计的一个量表，该量表的目的在于测量一个人对自己的相互依存性和独立性的评价。这里我们对两类问题项目分别列出五道题：前五道题测量相互依存性，后五道题则测量独立性。你哪个部分的分数更高呢？

二、记录你的梦

请记录一个对你自己来说很重要的梦或重复出现的梦，或者记得最清晰的梦，仔细回想这个梦的细节，然后记录下来。

梦可以揭示一些对我们有重要意义的事件的线索，帮助我们了解自己的欲望、目标、冲突及兴趣。梦可以让我们深入了解自己的过去、现在、将来之间的联系以及尝试构建的意义。过去的经验在梦中再现总是有理由的，我们可以结合现实生活，了解是什么触动了它。梦提供了一条更加了解自我与他人关系的途径。

三、测测你的人格

大五人格表之尽责性分量表

指出下面每个项目与你的符合程度。请依据符合的程度做出1～9的评分，即1代表非常不符合，9代表非常符合。

仔细	粗心 *	尽责	缺乏组织能力 *
有效率	无计划 *	缺乏坚持性 *	效率低 *
不切实际 *	整洁	疏忽大意 *	有组织能力
有实际经验	守时	邋遢 *	坚定
有条理	有始有终	不可靠 *	缺乏条理 *

计分方式：把带星号的10个项目反向计分（选1计9分，选2计8分，选3计7分，以此类推）。最后把这20个项目的分数相加。

这个量表是大五人格量表的尽责性分量表，得分范围在20～180分，得分越高，表示对自己的指标要求越高，做事越认真负责，喜欢按部就班，越能够坚持实现目标。得分比较低的个体更喜欢随意，不喜欢执行规定和从事细致的工作，做事不够有条理，缺乏长期计划和对目标深入的思考。

四、气质类型测试一

（一）测试题

请针对每个问题从"很符合、比较符合、中间状态、比较不符合、完全不符合"五个答案中选择一个适合自己的，并在表 2.2 中填写对应的英文字母 A、B、C、D、E。

1. 做事力求稳妥，一般不做无把握的事。

2. 遇到可气的事就怒不可遏，想把心里话全说出来才痛快。

3. 宁可一个人做事，也不愿很多人在一起。

4. 到一个新环境后很快就能适应。

5. 厌恶那些强烈的刺激，如尖叫、噪声、危险镜头等。

6. 在和人争吵时，总是先发制人，喜欢挑剔别人。

7. 喜欢安静的环境。

8. 善于和人交往。

9. 羡慕那种善于克制自己感情的人。

10. 生活有规律，很少违反作息制度。

11. 在多数情况下情绪是乐观的。

12. 碰到陌生人觉得很拘束。

13. 遇到令人气愤的事，能很好地自我克制。

14. 做事总是有旺盛的精力。

15. 遇到问题总是举棋不定，优柔寡断。

16. 在人群中从不觉得受约束。

17. 在情绪高昂的时候，觉得干什么都有趣，在情绪低落的时候，又觉得什么都没有意思。

18. 当注意力集中于一个事物时，别的事很难使我分心。

19. 理解问题总比别人快。

20. 碰到危险情境，常有一种极度恐怖感。

21. 对学习、工作、事业怀有很高的热情。

22. 能够长时间做枯燥、单调的工作。

23. 符合自己兴趣的事情，干起来劲头十足，反之则不想干。

24. 一点小事就能引起情绪波动。

25. 讨厌做那种需要耐心、细致的工作。

学习笔记

26. 与人交往不卑不亢。

27. 喜欢参加气氛热烈的活动。

28. 爱看感情细腻、描写人物内心活动的文学作品。

29. 工作、学习的时间长了，常感到厌倦。

30. 不喜欢长时间谈论一个问题，愿意实际动手做。

31. 宁愿侃侃而谈，也不愿窃窃私语。

32. 别人说我总是闷闷不乐的。

33. 理解问题常比别人慢些。

34. 疲倦时，只要短暂地休息就能精神抖擞地重新投入工作。

35. 心里有话宁愿自己想，也不愿说出来。

36. 认准一个目标就希望尽快实现，不达目的，誓不罢休。

37. 学习、工作一段时间后，常比别人更疲倦。

38. 做事有些莽撞，常常不考虑后果。

39. 老师或他人讲授新知识、新技术时，总希望他讲得慢些，多重复几遍。

40. 能够很快地忘记不愉快的事情。

41. 做作业或完成一件工作总比别人花时间多。

42. 喜欢运动量大的剧烈体育运动，或者参加各种文艺活动。

43. 不能很快地把注意力从一件事转移到另一件事上去。

44. 接受一个任务后，就希望把它迅速完成。

45. 认为墨守成规比冒风险强些。

46. 能够同时注意几件事物。

47. 烦闷的时候，别人很难使我高兴起来。

48. 爱看情节起伏、激动人心的小说。

49. 对工作抱认真严谨、始终一贯的态度。

50. 和周围人总是相处不好。

51. 喜欢复习学过的知识，重复做机械的工作。

52. 希望做变化大、花样多的工作。

53. 小时候会背的诗歌，似乎比别人记得清楚。

54. 别人说我"出语伤人"，可我并不觉得这样。

55. 在体育活动中，常因反应慢而落后。

56. 反应敏捷，头脑机智。

57. 喜欢有条理而不甚麻烦的工作。

58. 兴奋的事常使我失眠。

59. 当老师讲新概念时，我常常听不懂，但是弄懂了以后很难忘记。

》》

60. 假如工作枯燥无味，我马上就会情绪低落。

A：很符合计 2 分　　　　　B：比较符合计 1 分

C：中间状态计 0 分　　　　D：比较不符合计 -1 分

E：完全不符合计 -2 分

请将英文字母选项对应填写分数，最后四列分数纵向加总，得出四个总分，填写在对应的分数总计栏中，如表 2.2 所示。

表 2.2　气质类型计分表

黏液质			胆汁质			抑郁质			多血质		
题目	选项	分数	题目	选项	分数	题目	选项	分数	题目	选项	分数
1			2			3			4		
7			6			5			8		
10			9			12			11		
13			14			15			16		
18			17			20			19		
22			21			24			23		
26			27			28			25		
30			31			32			29		
33			36			35			34		
39			38			37			40		
43			42			41			44		
45			48			47			46		
49			50			51			52		
55			54			53			56		
57			58			59			60		
分数总计：			分数总计：			分数总计：			分数总计：		

（二）评价方法

（1）若某种气质维度明显高于其他的，并且高出 4 分以上，基本上可认为是该气质类型。若超过 20 分，则认为是典型类型，若为 10～20 分，可认为是一般型。

（2）若两种气质维度分数比较接近，且分数差低于 3 分，同时又明显高于其他气质维度，若分数差异在 4 分以上，可认为是两种气质维度的混合型。

（3）若三种气质维度得分接近并且都高于第四种，可认为是三种气质维度的混合型，如多血质—胆汁质—抑郁质的混合型。

（三）气质分析

1. 胆汁质气质类型特点

精力充沛，情绪外露、强烈，言语和动作快速并不容易被控制；个性直率、热情或胆大、急躁等。在与人交往时应学会冷静沉着，控制自己的情绪，能果断、率直但不显得急躁。

典型的胆汁质个体适合的职业有导游、推销员、主持人、演员等，他们共同的特点是适应吵闹的工作环境，但是对于需要长期安坐、细心检查的工作就不太胜任。

2. 多血质气质类型特点

个性敏感、活泼，情绪来得快且变化大，注意力和兴趣容易转移，个体的言语、思维和动作敏捷，善于和人交际，有亲和力，但同时又容易显得轻率和不真诚等。在人际交往中应注意避免浮躁，多表现有亲和力、机敏的一面。

多血质个体适合的职业有售货员、服务员、咨询师、导游、外交官、管理者、公关等。

3. 黏液质气质类型特点

个性沉着、安稳，情绪来得比较缓慢且程度比较弱，言语、思维和动作比较缓慢，个体的注意力持久、稳定，有时也会表现得比较执着和冷淡。建议在交往过程中尽可能地调动自己的情绪，让其他人更了解自己。

黏液质个体适合的职业有医生、会计、律师、话务员、播音员等，不适合过于灵活的工作。

4. 抑郁质气质类型特点

个性沉默，柔弱，情绪来得更加缓慢但体验深刻，敏感，善于发现比较细小的事物和细节，容易变得孤僻。建议在交往过程中要突破闭锁心态，更多地将内心的深刻体验传达到外界，发现另外一个生活。

抑郁质个体适合的职业有校对员、分析师、打字员、秘书、化验员等。

觉察和发现自己与他人的气质在人际交往中有一定的作用。比如，如何和胆汁质个体处理已发生的冲突，如何和抑郁质个体沟通彼此的差异。需要注意的是，气质类型的分类只能作为人际沟通的参考，不能先入为主地作为一切人际交往的指导原则。

五、气质测试二

根据下面的标准对每一题评出等级：1= 根本不像我；2= 有些不像我；3= 既像我又不像我；4= 有些像我；5= 非常像我。

1. 我喜欢跟人打交道。(交际性)

2. 我常常显得匆匆忙忙的。(活动性)

3. 我容易受惊吓。(恐惧)

4. 我常常悲伤。(抑郁)

5. 当我不高兴的时候,我会立刻让别人知道。(生气)

6. 我是个孤独者。(交际性)

7. 我喜欢总是忙忙碌碌的。(活动性)

8. 我被看成一个热血的、急脾气的人。(生气)

9. 我经常有挫折感。(抑郁)

10. 我的生活是快节奏的。(活动性)

11. 每天的日常事务让我感到既麻烦又厌倦。(抑郁)

12. 我经常感到不安全。(恐惧)

13. 许多事情让我心烦。(生气)

14. 当我害怕时,我会慌乱。(恐惧)

15. 我喜欢和别人一起工作而不愿意一个人工作。(交际性)

16. 我很容易心烦意乱。(抑郁)

17. 我经常感到我的能量在爆发。(活动性)

18. 要想使我发疯不是一件容易的事。(生气)

19. 比起同龄人来,我很少害怕。(恐惧)

20. 我发现人比其他任何事物更刺激。(交际性)

在计算总分前,先把第 6、第 18 和第 19 题反向计分(即 5=1,4=2,3=3,2=4,1=5)。然后根据括号里的提示,分清每个题目属于哪一个亚结构。把每一个亚结构的题目得分加起来,得到你的五个分数。最后可以把自己的得分和成人样本的平均分进行比较,以更清楚地了解量表的分数在整个成年群体中的位置,平均分数如表 2.3 所示。

学习笔记

表 2.3　平均分数对照表

气质类型特征		女性	男性
情绪性	抑郁	10.08	9.72
	恐惧	10.60	8.92
	生气	10.28	10.08
活动性		13.40	12.80
交际性		15.24	14.60

⚙ 自我成长 ➤➤➤

1.照片往往比语言更能说明一些问题。寻找一些对你来说很重要的照片，看着这些照片，你有什么样的感受？这些照片中发生的事情对你来说意味着什么？它们又如何影响着你现在的生活？对你而言，现在的你和照片中的你发生了什么样的变化？你想和照片中的你说些什么？

2.注意你生活中的一些重要转折点。请按照这些事情发生的时间顺利罗列这些曾经影响你，并且在未来也将会影响你的事件等。在完成后，请记录你在这些重要事件中所做出的选择，以及在这些事件中你的学习和收获。

3.请回想在现实生活中对你有重要影响的人，他们是谁？请写下这些人给你带来了哪些影响？他们如何影响着你成为现在的自己？以自己现在的眼光，请重新客观评价这些曾经有重要影响的人。

4.我们可以尝试做一个简单的自我意象训练：早晨起床照镜子的时候，你看到了什么，你跟自己说了什么？当你在选要穿的衣服时，有什么想法和感受？你会把体重秤显示的体重作为一天自我身体感受的晴雨表吗？

5.在枕边放着手机或者纸和笔，当你醒来的时候，录下或写下你能记得的任何梦的片段。如果你的梦很有规律，那么可以在日记中记录自己的梦，然后寻找梦中的规律，思考你所做的梦是怎样的，以及它对你有什么意义。

6.对于人格的解释，不同流派的心理学家分别从各自的角度进行了探索，在这里，我们仅选取了每个流派主要的观点进行说明。在本项目内容的学习之后，从你的角度来说，你更加赞同哪个流派或者哪几个流派的理论？请你选用一个理论深入学习，并找到自己感兴趣的内容和班上的同学进行分享。

7.心理测验是很多人喜欢用来认识人格的工具，我们沉浸在浩瀚如海的心理测验中，迷惑于各种心理测验的结果解释里，却很少去关注和讨论心理测验的形成历史与准确性。请选取一个你最喜欢的心理测验，了解它形成的历史过程和应用范围，查阅它在我国的运用，最后和班上的同学进行分享。

项目三
走进情绪

怒不过夺，喜不过予。

——荀子

项目导航 »»»

1. 了解情商的概念和情绪管理的方法。

2. 了解自己的情绪，保持稳定的情绪状态。

3. 用情绪 ABC 理论认识情绪背后的态度和信念。

自我评估 »»»

依据个人的真实情况，以下这些描述符合的记1分，不符合的记0分。

1. 我有能力克服各种困难。

2. 我一直觉得能达到自己所期望的目标。

3. 我在小学时喜欢的老师，到现在仍然怀念他。

4. 对于那些我不喜欢的人，即使在大街上碰到我也不愿意和他们打招呼。

5. 即使有人在我看书的时候不断说话，我也很少受到影响。

6. 我不论到什么地方，都能清楚地辨别方向。

7. 我热爱所学的专业和所从事的工作。

8. 在季节更替的时候，我的情绪不会有很大的变化。

9. 我看到关在动物园里的猛兽时，心有不安。

10. 很多时候，我不知道自己为什么会生气。

学习笔记

成长故事 »»»

　　寒假快过完了，梅梅为寝室的每个室友都精心挑选了礼物。到了返校的时候，她把礼物拿出来送给每个人，有寝室长的礼物，有君君的礼物，有小淘的礼物，有睡在上铺若若的礼物……得到了礼物，大家都显得非常高兴。可就在这个时候，梅梅忽然发现自己却没有礼物。这个时候她感到有些失落，责备自己"怎么就没有想到也给自己买个礼物呢"，进而抱怨室友。这时，梅梅意识到自己有些生气了。她抬起头来，发现大家都没有注意到她。稍后，梅梅平复了一下心情，离开寝室，去水房洗衣服去了。

　　每个人一定都会有情绪。你的情绪是否分分钟就会爆发？你想要保持良好的情绪状态吗？那么让我们一起来了解情绪——这个你最熟悉的"陌生人"。

项目探索 »»»

»» 学习任务一　情绪是什么 »»

　　情绪是离我们最近又离我们最远的东西。最近，是说我们无时无刻不被情绪影响；最远，则是我们几乎只能体会到情绪的表层含义。很多时候，我们把情绪带来的反应当作情绪本身，了解自己的情绪便是了解自己的指南针。

一、情绪的定义

　　情绪是指：人对客观事物是否符合自己的需要产生的体验和相应的身体与心情变化。因此情绪是个体的一种主观感受。当事物符合个体的需要时，会产生积极情绪，反之，则产生消极情绪。当你体验到积极情绪，如开心、高兴、满意、舒适时，你的需要就得到了满足，当你体验到愤怒、绝望、伤心、悲哀等消极情绪时，你的需要就没有得到满足。当你体验到消极情绪时，你可以停下来，倾听内心的声音，想一想自己的哪些需要没有得到满足。

　　表 3.1 可以供你参考，当你体验到某种情绪的时候，看看哪些需要没有得到满足。

表 3.1　常见情绪的心理需要和具体情形

需要	具体情形	情绪词汇
满足愿望	失去拥有的东西	伤心、悲伤、悲痛、哀伤
	没有得到希望的东西	沮丧、失望、难过
	想得到，但存在不确定性	焦虑、不安
	想要，但是不一定能有	担心、郁闷、忧伤、抑郁
面对威胁、厌恶	无法回避威胁情境	恐惧、害怕、惊恐
	将面对威胁情境	紧张
	面对厌恶情境时	厌恶、恶心
追求目标	因其他人而无法得到	愤怒、生气
	进展缓慢或者停滞	烦躁、苦恼
	事件有损自我形象	耻辱
	将失败归咎于自己的失误	自罪感、罪恶感
	与他人互动缺乏自信	害羞
	对他人超过自己感到不满意	嫉妒
	把他人置于自我之上	恭敬
	把他人置于自我之下	傲慢

情绪是一种特殊的动机，能帮助我们关注和应对重要的情况，并与他人交流。

学习笔记

　　小明曾经是一名优秀的员工，但最近他的业绩却开始逐渐下滑。与之前不同的是，他的上司说，小明似乎变得过分专注于工作中的细节，很难确定工作内容的轻重缓急。他经常抓住一个小任务不放。比如，小明会花一下午的时间整理客户的文件或者研究各种分类方案，但他没有真正完成分配给他的任务。最后，他丢掉了工作。接着他的个人生活也崩溃了。他的几次创业都有明显的决策缺陷，最终他花完了自己的所有积蓄。

　　然而，小明在其他方面似乎都很正常。他性格开朗，有幽默感；对重要的事件、名字和日期都记得非常清楚，显然他很聪明；他还了解每天的政治和经济事件。事实上，他在运动、记忆、感知能力、语言技巧、智力或学习能力上都没有任何问题。

　　那段时间，他老是抱怨头痛，最终，主治医生怀疑小明的大脑可能出了问题。医学检查证明了这种怀疑是正确的。一个小橘子大小的肿瘤正好长在了小明的额叶上。

　　肿瘤虽然被切除了，但它已经破坏了额叶。正如一位给他检查的医生所说："我们可以把小明的问题概况为，知道但没法感觉。"他的推理能力没有受到影响，但额叶环路的损伤破坏了他利用情绪来确定生活中的物体、事件和人的优先顺序的能力。简而言之，小明的情绪因肿瘤出现了问题。由于他连接概念和情绪的能力受到了破坏，因而无法合理分辨不同行动，也不能将一种行动的价值置于另一种行动之上。

发生在小明身上的事件清楚地表明，情绪是思考的重要组成部分，特别是在记忆重要事件、权衡不同选择和做出决定时尤为关键。

情绪是每一个人无法回避的心理特征，因为每一种情绪发生的时候不仅有内心的体验，还有与之相伴的生理反应和无法掩饰的外在表现。因此，心理学家认为每一种情绪都包括生理唤醒、认知解释、主观感受、外部表现。我们在觉察情绪时，需要觉察相应的生理变化，如急促的呼吸、加快的心跳、僵硬的肌肉等，如果要洞察他人的情绪，则需要观察他人的表情（情绪的外部表现）。这四种层面共同活动，才构成一个完整的情绪过程。

（一）生理唤醒

当个体产生情绪体验的时候，身体内部也会发生相应的生理反应，这种生理唤醒是指在个体呼吸系统、血液循环系统、肌肉组织和骨骼、内外腺体，甚至个体新陈代谢过程都会产生不同程度的改变。因此，个体在觉察到自己的生理变化时，便会意识到自己处于某种情绪状态。

（二）认知解释

对事件和感觉的认知解释，包括对情境的认识和评估：是好还是坏？是吸引人的还是可怕的？毫无疑问，你会把自己中奖的消息解释为好的。但同样的对情绪的认知解释过程，也可能发生在不愉快的经历上。值得我们注意的是，认知解释在大脑中有两条不同的情绪通路：一条是有意识的，另一条是无意识的。

（三）主观感受

我们从情绪的定义中可以看出，当不同情绪产生的时候，个体内心会产生不同的心理体验，这就是主观感受。情绪的主观感受有几个来源：一种是大脑感知身体当前的唤醒状态；另一种是来自身体对过去类似情况的记忆。对于每一种令人难忘的感觉，大脑都会存储一种情绪上的"具体印象"。每一个个体都有多样的主观感受，即使是对同样的事物，不同的人也会因内心的需要不同而产生不同的主观感受。多种情绪的主观感受体现了个体丰富多彩的内心世界。如果你对情绪词汇的理解产生混淆，就需要结合情绪的含义进行澄清。比如，紧张是个体处在一个有威胁的情境中的感觉，害怕是个体在面对危险但又无法逃避的时候的感觉。

（四）外部表现

情绪的产生和表达都会伴随着丰富的身体的外部表现，如开心的时候上扬的眉眼、欢快的舞姿。这是他人可以观察到的身体语言，主要分为面部表情、身体语言和言语表情。

（1）面部表情。人的面部表情是最能传达不同情绪的语言，也是发现情绪的主要标志。

（2）身体语言。人的四肢是协助面部表情表达情绪的语言，如高兴时手舞足蹈、不安时手足无措等。

（3）言语表情。说话时音调、节奏和语速的改变也是表达与鉴别情绪的标志之一，如高兴时音调高昂、愤怒时声调升高、悲哀时语速低沉缓慢。

有研究显示，人在传递信息时，借助语言内容传递的信息只占7%，38%依赖言语表情（语调表情），而剩下的都是依赖非言语表情（面部表情和身体语言）。要想获得良好的沟通，仅仅听懂别人的话语（言语内容）或用语言表达是远远不够的，还要学会通过面部表情、身体语言、言语表情来推测和判断他人的情绪状态，这在人际沟通和交往中是非常重要的。

二、情绪的功能

每个人在日常生活中都可能会感受到高兴、悲伤、不安、焦虑、抑郁、紧张、兴奋、满足等情绪。如果让你在以上这些情绪里做选择，你会选择哪些？也许你会说你当然选择快乐、满足等正面情绪，因为它们是好的，而负面情绪是不好的。其实这是一种误解，任何一种情绪都有其自身的功能，对生命都有意义。快乐可以让人体验到轻松，带给我们惬意的生活；喜悦可以让人体验到幸福，带给我们生活和工作的动力；好奇能激发人去冒险、去探索。而恐惧会指引我们脱离危险；焦虑会转化成我们争取放松的动机；忧伤会激发我们深入思考；悲痛可以帮助我们记忆那些对我们重要的人或事情，有可能使我们成为深邃的哲人。任何一种情绪，只要违背了产生规则，或者单一持续，或者过度体验，都可能成为情绪"灾难"。我们需要正面情绪来照亮自己的心情，也需要负面情绪来丰盈我们的成长。

心理学家指出，当我们能在情感上表达悲伤、接受现实才有振作起来的可能性，我们跟着悲伤学到了重要但是令人难以接受的一个事实：我们不是时时刻刻都需要快乐，要允许自己感受悲伤。更重要的是，直面悲伤可以帮助我们更好地应对未来可能出现的情绪危机，认识到自己有能力处理与悲伤相关的感受，这意味着我们在情绪上充分地做好准备，应对可能出现的创伤和痛苦。

三、情绪与健康

我国古代的医学家很早就发现了人的情绪和身体健康息息相关，提出了"喜、怒、忧、思、恐"是身体致病的因素，也就是"喜伤心、怒伤肝、忧伤肺、思伤脾、恐伤肾"。现代社会的学者也认为人的身体疾病有70%和情绪相关，如恐惧、悲伤、焦虑等负面情绪的长久累积会影响身体器官的工作技能，长久以往，会增加患重症疾病的可能性。

很多心理学家认为个体的身体就像是成长的记事本，藏着个体各种记忆、故事和创伤。个体的情绪就像是神经传导的信息，当某种情绪长时间积累时，就会形成一种记忆。

要做自己的情绪的主人，我们就需要像照顾身体一样去照顾自己的情绪。人的情绪就像一个气球，有时会慢慢被负面情绪充满，我们需要学会既不伤人也不伤己地把气"撒出去"的过程。然而，现代生活的生存压力让人们身心疲惫，甚至都来不及觉察负面情绪的多少，但身体却不断在累积，甚至会发出各种"报警信号"。比如，个体开始越来越讨厌自己，觉得自己什么都不想干，没有事情能够激起自己的兴趣和热情；记忆力越来越差，很多原先自己记得很牢的事情现在却怎么也想不起来了。

身体是情绪的报警信号，我们需要读懂这些信号。不同的生理疾病会对应着不同的负面情绪。比如，压抑会引发哮喘、焦虑会引起腹部疼痛等。首先，肠胃疾病是常见的心身疾病。不少人都有过这样的经历：压力大的时候根本吃不下饭，紧张焦虑的时候就会胃疼或者腹泻。其次，是皮肤病。反复无常的荨麻疹、湿疹、痤疮都可能是长期累积的不良情绪带来的后果。最后，还有负面情绪对内分泌系统的影响，如月经不调等。

›› 学习任务二　情商是什么 ››

情绪在人类进化史上扮演着重要作用，它的不同表达产生了个性差异，同时也让人和人之间能够相互共情。神经学家理查德·戴维森（Richard Davidson）发现，人们都有一个典型的"情绪风格"，这意味着每个人的情绪反应不同，就像每个人的人格特质不同一样。研究显示，情商不仅对个人的自尊、生活满意度及自我接纳方面有积极的影响，而且也影响着个人的人际关系。心理学家彼得·沙洛维（Peter Salovey）和约翰·梅耶（John Mayer）指出，高情商不是简单的快乐、乐观或高自尊。他们认为情商应该是以下四种能力的组合。

›

感知情绪——发现与解读自己和他人情绪的能力。

运用情绪——运用情绪思考和解决问题的能力。

理解情绪——理解情绪之间复杂关系的能力。例如，理解悲伤和愤怒之间的关系，或者知道为何不同人对同一事件有不同的情绪反应。

管理情绪——调节自己的情绪并影响他人情绪的能力。

如果有人问你："请问你现在的情绪是什么？"你的答案会是什么呢？

如果你觉得这个问题太难，根本毫无头绪，这种状态就令人担忧。如果没有对情绪的细微感知就很难有准确的理解和管理。这个自我察觉情绪的能力是情商的基础，就如同要练成少林功夫，须先学会蹲马步才行。

唯有我们拥有随时随地了解自己当下情绪的能力，才可能对症下药，进行合宜的情绪管理，否则的话，连病因都搞不清楚，我们怎么可能找到正确的解决方法呢？

情商能帮助我们区别一些相似的、容易混淆的感受（比如，当我们感觉对某个人的行为很生气时，实际上我们感到的是痛苦与伤心）；也帮助我们利用情绪信息，指导自己的思想和行为（比如，当我们感到害怕时，我们想要立刻逃离危险的情境）；还能在他人需要慰藉时，指导我们给予他人帮助和支持（比如，当别人需要一个拥抱的时候，我们能够张开双臂）；等等。这些都需要情商的帮助。情商是可以通过学习来提高的。

可以这么说，在情商方面，没有情绪觉察，就没有情绪管理。请你一起来扮演私家侦探，找出自己的真正情绪。

一、辨别你的情绪

回答"你觉得现在心情如何"这个问题，对于某些人来说不像其他人那么容易。那些以情感为导向的人非常了解他们自己的情绪状态，当他们在做重要决定的时候也能善于使用有关情绪状态的信息。相比之下，低情绪导向的人通常不仅不了解自己的情绪状态，还倾向于拒绝将感觉当作有用的、重要的信息。

研究证实，除了觉察自己的情绪之外，个体能够辨认自己的情绪也是很有价值的。有研究者发现，能够指明自己经历的负面情绪（如"焦虑""生气""惭愧""内疚"等）的大学生，也能够找到和使用处理这些情绪的最佳策略。这说明能够区别和指认情绪是情绪调节的主要元素。

你感觉到某种情绪，并不意味着你会把它说出来，更不是在情绪影响下实施行动。事实上，将愤怒表现出来的人——无论是猛烈抨击，还是打拳泄愤——并

学习笔记

不会比没有把愤怒发泄出来的人感觉更好。

了解有感觉和发泄情绪之间的差异有助于在困境中建设性地表达你自己。假如你发现自己对某个朋友感到心烦，就可以进一步探究你为什么如此心烦。共享你的感觉（如"有时候你真令人抓狂"）可能会让你明了答案所在，然后据此解决问题。但是如果你假装没烦恼，或者将脾气发泄在别人的身上，不仅不会减少你的愤恨，反而会导致你的人际关系恶化。

心理成长沙龙

辨认你的情绪

记录你的情绪在三天里的变化。确保你在每天晚上都花一些时间回忆自己一天的情绪感受、其他人的参与情况、情绪发生时的具体情境等。在时间快结束的时候，你可以通过回答下列问题，了解情绪在你的沟通中起到的作用。

（1）你是如何辨认出你所感受到的情绪的：通过生理上的刺激、非语言行为或者其他的认知过程？

（2）你在辨认自己的情绪时有困难吗？

（3）你最常有的情绪是什么？是单一的情绪，还是多种情绪混合在一起？强度是温和的，还是强烈的？

（4）你在什么样的情境下会表现或者隐藏自己的感觉？什么样的因素会影响你的决定？表现或者隐藏的又是哪种类型的感觉？影响你的情绪的人有哪些？当时的情况是怎样的（比如，发生的时间、地点）？影响你情绪的话题是什么呢？

（5）不同的沟通类型造成了什么样的结果？你对这些结果满意吗？如果不满意，你有什么改善建议？

二、扩充你的情绪词汇

大多数人都苦于情绪词汇匮乏，当要求他们说现在感觉如何时，几乎总是一样的回答（如"还好""不错""马马虎虎"等）。现在，花一点时间看看你能写出多少描写情绪的词。写完之后，你可以查阅相关资料，看看你都漏掉了什么。

在实际生活中，许多人认为自己是在表达情绪，但实际上他们所说的只是对情绪的一种掩饰。例如，有人带有情绪地表达出"我觉得该去看这场演出"或者"我觉得我们见面太频繁了"。但事实上，这些语言没有任何情绪的内容。在第一个句子里，"觉得"这个词真正代表的含义是"我想去看这场演出"，而第二句的"觉得"代表着"我认为我们见面太频繁了"。如果加上真正的感觉，你就会发现原本的说法缺乏对情绪的表达——"我很无聊，所以我想去看这场演出。""我认为我们见面太频繁了，这让我有种局限感"。无聊和局限感才是表达情绪的词汇。依赖少量的字词描述情绪，就像受限于少量的字词描述颜色一样。过度使用"很棒"这类词去描绘你在不同情境下的感觉又难免失之夸大。

但你可以用不同的方式，说出同一种感觉。

·使用单一字词，如"我在生气（或'兴奋''忧郁''好奇'等）"。

·描述你发生了什么，如"我腹痛如绞，胃好像打结了""我得意极了，像是站在世界的顶端"。

·描述你想要做什么，如"我想要逃跑""我想要给你一个拥抱""我想要放弃"。

人有时候会错误地低估自己感觉的强度。例如，"我有一点点不愉快""我颇为兴奋""我有点困惑"。当然，不是所有的情绪都是强烈的，我们感受到的悲伤与快乐的程度确实不同。不过，有些人会习惯性地淡化自己的感受，你有没有这种情况？

人有时候会以一种暗示的方式表达情绪，尤其是经常发生在透露实际感觉的时候。例如，以间接的方式表达"我很孤单"，也许就变成了"我猜这个周末没什么事情，假如你也不忙，可以发短信给我，我们一起出去逛逛"。类似这样的信息是非常婉转的，以至于别人可能听不出你的真实想法。出于这个原因，传送暗示信息的人，面临着失去让对方了解自己的感觉以及满足需求的机会。

当你下定决心要表达你的感觉时，你必须清楚地确认你和你的伙伴都了解你的感觉只适用于某个特定的情境，而不是直接针对整个关系。比如，你应该说"当你不守信用时，我会怨恨你"，而不要说"我怨恨你"；"当你讲到你的钱时，我觉得很无聊"，而不是"我和你在一起很无聊"。

三、分享多样的感觉

情绪的产生往往不是只有一种感觉，而是很多种情绪混杂在一起，就像是一碗美味的羊肉汤，里面有鲜美的羊肉，还有枸杞、红枣、大葱等。但是一般情况下，我们可能只会注意到汤里的羊肉，而忽略了其他东西。我们可能经常注意到自己的愤怒，却忽略了自己的委屈、难受和伤心，是什么在阻挡我们对这类情绪的表达呢？让我们来看看以下这两个例子。

一个住在市郊的朋友向你保证六点钟就会到你家，但到了九点他都没有来，你猜想他一定是发生了意外。然而就在你拿起电话要打给警察局和医院查问的时候，你的朋友竟然若无其事地出现在了门口，还随便搪塞了一个太晚出发的理由。

朋友在社交平台上发布了一张你的照片。一方面，你因为朋友展现了对你的喜爱而高兴；另一方面，这张照片的光线实在不是很好，你希望朋友可以提前问问你。

在上述两个例子中，你可能混杂着几种情绪。以第一个为例，你对朋友终于到达的第一个反应可能是"谢天谢地，还好他没事"。然后你会很生气："他为什么不打电话通知我他会迟到？"而第二个例子可能会使你陷入几种不同的情绪：有些高兴，有些尴尬，还有些恼怒。在这些混合的情绪里，我们通常只会表达其中的最负面的那种情绪。比如，在上面两个例子中你可能只会表达出生气，而让对方没有机会来了解你的全部感受。但若想想如果你能够把所有的情绪都表达出来，对方的反应将会有什么不同。

四、评估何时何地表达情绪

即使涌上心头的强烈情绪已经褪去了，选择最适宜表达这个信息的时机依然很重要。如果你正受某些事情所逼迫而感到心烦或困扰，你最好延缓表达自己的情绪的时机。处理情绪往往会花费你很多时间和心力，疲惫和分心只会使这件事情更难处理。同样，你应该用相同的态度，确认你的信息接收者已经准备好要听完你所有要说的话了。

在某些情况下，你可能选择永远也不表达出自己的情绪。如果你感觉到了强烈的情绪体验但是又不便口头表达出来，那么写出你的感受与想法，无论是对你的心理、生理还是情绪的健康都是有好处的。

五、对自己的情绪负责

确保你使用的语言反映出了你对自己的感觉是负责任的，这很重要。避免说"你让我生气"而是改说"我在生气"；避免说"是你伤害了我"而是改说"当你这样做的时候，我觉得很受伤"。你很快会察觉到，别人并没有让我们喜欢或讨厌，所以，一味认定别人是造成我们喜欢或不喜欢他们的原因，就否认了我们每一个人为自己的情绪所要负的责任。

和自己对话

完成下列步骤，你就可以更好地了解想法如何塑造了你的感觉。

（1）当你思考的时候，花几分钟时间听听你内心的声音。

（2）现在考虑下列情境，想象一下你会对每种情境做出何种反应。你的内在声音是如何诠释的？每一种诠释又会引发什么样的情绪？

- 当你坐在一辆公共汽车上、坐在教室里或者走在街上，你发现一个同龄人一直在偷瞄你。
- 在讲座的过程中，教师问全部学生，"对于这个观点，你们是怎么想的呢"，然后看着你。
- 你正在向朋友们描述你的假期生活，这时有个人打了个哈欠。
- 你在街上遇到一个朋友，就走上前问她最近怎么样。"还好"，她只留下两个字就匆匆离开了。

（3）现在回想三个最近的、你感到情绪强烈的时刻。针对每一个情境，回忆当时的事件、你的诠释以及你的情绪反应。

六、情绪 ABC 理论

（一）情绪 ABC 的定义

情绪 ABC 理论指出，情绪的产生是由人们对事件的解释和评价引起的，而不是由某个事件引起的。A 代表诱发性事件（activating events）；B 代表信念（beliefs），是指个体对这个诱发性事件的看法、解释和评价；C 代表结果（consequences）。

美国心理学家埃利斯（Ellis）认为人都是依照自己的主观世界来认识 A 的，会依据大量已经存在的信念、期待、价值观、偏好等解释和看待 A。每个人对 A 的解释都是主观性的，这样就会产生不同的 C。按照情绪 ABC 理论，情绪是由不合理认知（或信念）引起的，即事件本身并不是引起情绪反应的直接原因。个体对刺激情境的认知解释和评价（B）才是情绪反应产生的直接原因。德国 19 世纪著名哲学家叔本华也曾经提出，事物本身并不影响人，人们只受对事物看法的影响。

小君有一次向同学借了一辆电瓶车载着室友去超市买东西，可是当他买完东西出来发现电瓶车不见了！他随即自言自语道："完了，电瓶车被偷了，我怎么这么倒霉，这种倒霉事怎么老发生在我身上。从小我就丢东西，谁这么缺德偷电瓶车，我要赔同学车了。"这些想法倾泻而出，他的情绪变得非常沮丧。小君的室友却认为会不会是谁把车挪到别的地方去了，在这样的信念下室友的情绪相对来说更平和、放松，然后把精力放在找电瓶车上。

诱发性事件：电瓶车不见了。

信念1：电瓶车被偷了，我这么倒霉——▶C1 情绪及行为结果：沮丧。

信念2：可能车被谁挪动了——▶C2 情绪及行为结果：平和、放松，去找电瓶车。

🖋 学习笔记

（二）21种不合理的信念

烦恼、忧虑甚至悲观、绝望，皆源于错误的认知方式。歪曲的认知方式导致人们对周围发生的事情和自我的看法极其片面、缺乏足够根据。这样的观念给自己带来无谓的烦恼和困惑。如果想要让自己开心和快乐起来，识别你的错误认知方式是第一步。

产生不良情绪及行为结果的不良信念有这样几种特征。

（1）理想化：根据自己的主观愿望而不是实际情况对自己和周围的人提出要求。这种观念往往以"应该""必须""不能"等词语表现出来。例如，"我应该成功""我必须考第一名""我上台说话不能紧张"。

（2）最高标准：用过高的、不现实的标准来要求自己，要求自己取得第一、达到最佳等，生活中只关心那些超过自己的人，忽略不如自己的人。例如，"他比我成功""他们都做得比我好，所以我是一个彻头彻尾的失败者""我大学同学某某比我做得好，所以我是一个失败者"。

（3）读心术：在缺乏客观证据的情况下，就猜测他人的想法和意图，主观以为自己洞悉他人的想法。比如，"他觉得我是一个只会干蠢事的人""她就是在说我坏话"。

（4）担忧假设性问题：自己想象出现各种问题的可能性，并对这些问题产生担忧，总是问一系列"如果……发生了，该怎么办"的问题。例如，"如果我不能控制紧张怎么办""如果我在考试时忘了带准考证怎么办"。

（5）选择性负面关注：在生活中会发生许多事情，只注意到自己做得不好的、对自己评价不利的事情，而忽略那些积极的、正面的事情。例如，"我又被老师批评了，老师不喜欢我"（忽略了老师也表扬过我）；"我昨天晚上又没有睡好，前几天也没有睡好"（忽略了有些时候睡得比较好）。

（6）任意推论：推理依据和结论之间没有严密的逻辑关系，对事物随意地做出推论。例如，"他这个人只会做这些傻事，我一看这些东西，就知道是他做的"。

（7）过度引申：将以往生活中曾经遭遇过的特殊事件推断为今后会经常发

生。例如，"我上次讲错话了，一会儿讲话肯定还会出错""我今天被老师批评了，今后老师会一直批评我"。

（8）以偏概全：在关注部分消极信息（不利信息）的情况下忽略了其他积极信息，对自己（或他人）的某个方面的品质和潜能做出消极预测。例如，"这次数学考试失利，说明我在数学方面很差"。

（9）灾难化：认为自己现在的处境（或者即将发生的事情）太糟糕了，处在一个最悲惨的境地之中难以承受。例如，"要是她不爱我的话，我觉得生活便没有意思了""如果高考失败，我将无法活下去""在众人面前被老师批评是天下最糟糕的事情"。

（10）内归因：将消极事件归咎于自己，认为是自己的原因导致事件发生，忽略了客观环境和他人的责任。例如，"他们不高兴是因为我做得不好"。

（11）外归因：认为是他人导致了我们目前所遇到的问题，是他人给我们带来了麻烦和灾难，他人应该为我们的困难和问题负责，忽略了自己在这件事情中可能负有的责任。例如，"父母不关心我，使我走上了叛逆的道路"。

（12）贴标签：根据部分信息就对自己或者他人进行整体评价，往往是负面的、消极的评价。例如，"我在人际关系上就是不行的""他对我就是不好的"。

（13）随意比较：不客观地分析各方面的具体情况，随意地进行人与人之间的比较。例如，"我若处在他人的职位上，肯定会比他出色"。

（14）情感推理：根据自己的感受（情绪）来解释现实和预测未来。例如，"我心情郁闷，所以我高考一定会失败""我感到情绪十分低落，想必与连续几天下雨有直接关系"。

（15）后悔倾向：后悔自己过去没有采取正确的行动，认为自己应该能做得更好。例如，"我不应该那么说""如果我努力的话，我会考上理想的大学""要是过去这样做的话，我的病早就好了"。

（16）消极预测未来：在还没有充分分析的情况下，就觉得自己的未来没有任何希望。例如，"我不会通过那场考试""没有人会愿意和我谈恋爱"。

（17）放弃努力：认为结果是已经注定了的，自己无法改变。例如，"看来我一辈子都不会有什么出息"。

（18）委曲求全：宁愿自己受委屈，愿意通过忍让来息事宁人或成全别人。例如，"我不能让他不高兴""让他人生气是一件很麻烦的事情""得罪人是一件不道德的事情"。

（19）拒绝相反证据：拒绝任何与你的消极想法矛盾的证据或者观点。例如，"那不是真实的""这件事肯定有问题"。

（20）低估正面信息：认为即使自己取得了成功，但这些成功（积极的事情）

也是微不足道的，算不了什么。例如，"（有睡眠障碍的人认为）我昨晚睡得好不算什么"。

（21）黑白思维：以简单化的、非黑即白的方式来判断和思考问题，用完全肯定或者完全否定的方式下结论。例如，"这完全是浪费时间""没有人喜欢我""我的室友对我一点儿也不好""我没有一次取得成功"。

情绪是一种表达生命、体验生命和践行生命的能力。它虽然不能被看见，但是一直都陪伴着我们。认识我们的情绪、与情绪和谐相处是大学生在校期间需要学习和面对的事情，也是我们每一个人终身都要学习和面对的事情。

心理成长学堂

情商的误区

人们对情商的理解存在很多误区。

1. 高情商的人会"拍马屁"

首先，对他人心理需求的洞察是高情商的前提；其次，高情商的重要表现就是保持真诚和正直。当我们"见人说人话，见鬼说鬼话"的时候，就牺牲了内心的真诚。如果赞美和肯定失去了真诚，所谓高情商也就失去了真正的价值。

同时，高情商还意味着有些时候我们不仅不能做"老好人"，还要有勇气去直面自己和他人的弱点。当对方真的需要我们指出他们的错误时，我们要有勇气把它指出来而不是视而不见，这也是高情商的人具备的能力。

2. 高情商的人会"掩饰"自己的情绪

不少人认为高情商的人是让周围人无法发现他自己的真实情绪。但要注意，"掩饰"和"管理"是两个不一样的词。高情商的人不是不表露自己的情绪，更不是压抑自己的情绪，而是用一个合适的方式表达自己的情绪。

心理学家曾经做过一个非常有意思的实验，他们把被试分成两组，同样给两组被试看一段特别让人气愤的视频。不同的是，他们告诉其中一组被试"不能在自己的面部表露出任何别人能读出来的情绪"。结果他们发现，那些没有把自己的情绪表露在脸上的被试，他们的心跳、激素水平和其他各项指标都显示他们的确在生气，并且其激烈程度比表露情绪的人更高。

压抑情绪，在某种程度上会让情绪不断积累，并且在一些场合下表现得更加激烈。真正高情商的人会用一些方式来调节和平复自己的情绪，尽管这些情绪可能会让自己痛苦，但是他们更愿意去面对自己的情绪。他们通过直面自己的情绪，理解情绪和调节情绪，来达到控制干扰情绪的目的。

3. 高情商的人会"释放"自己的情绪

"释放"情绪不等于毫无遮拦地发泄情绪。对负面情绪毫无理由地释放，往往会伤害自己和对方，更有可能做出一些没有回旋余地的行为。所以，让情绪在适当的场合以适当的形式表达出来，是高情商的真正体现。

心理游戏 >>>

一、我演你猜

先准备 6 张情绪卡片，分别写上最难表达的或者最有趣的情绪。两名学生为一组随机抽取卡片，一名学生用面部表情、身体动作等非言语信息表达抽到的卡片上的情绪，另一名学生猜测要表达的是什么情绪。最后，可以请同学们讨论一下，哪些情绪比较难表达，这是为什么。

二、情绪龙虎榜

请同学们从表 3.2 中选出你认为生活中最重要的情绪，并在其后打上"√"。将你较多表达的情绪用"↑"表示，较少表达的情绪用"↓"表示，没有表达的情绪用"×"表示。

表 3.2　生活中的情绪

序号	情绪	√	↑ × ↓	序号	情绪		↑ × ↓
1	愤怒			11	欣慰		
2	愉快			12	失望		
3	冷漠			13	尴尬		
4	兴奋			14	轻松		
5	烦恼			15	紧张		
6	满足			16	放松		
7	内疚			17	羞怯		
8	自信			18	热情		
9	害怕			19	急躁		
10	安全感			20	镇定		

请思索：你敢于表达自己的情绪吗？你愿意表达的情绪更多的是正面的，还是负面的？什么原因使你难以去表达情绪？

自我成长 »»

请你记录一天的情绪，并觉察自己这一天的情绪以及情绪的作用。

1.今天从起床后到现在，你都产生过哪些情绪？

2.选择你最难表达的一种情绪，想一想它是怎样产生的。

3.产生这种情绪后，你做了什么？说了什么？你的行为产生了什么结果？

4.最后分析一下，这个结果是有益于自己的生活满意度，还是破坏了自己对生活的满意度。

情绪日记是觉察情绪并对其进行梳理的复盘方式。长期坚持下来，你会慢慢发现自己的情绪周期和变化，这个习惯不仅能增强你的情绪觉察力，而且可以帮助你发现自己内心的期待、观点和事件之间的因果关系。

项目四
学会沟通

己所不欲，勿施于人。

——孔子

项目导航 >>>

1. 了解人际吸引的影响因素和人际沟通的方法。

2. 学习针对不同的情况理解个人眼中的世界，采用不同的沟通技巧解决人际关系中的问题。

3. 树立平等待人、尊重他人的意识。

自我评估 >>>

依据个人的真实情况，以下这些描述符合的记 1 分，不符合的记 0 分。

1. 我只会直接表达自己的想法和感受。

2. 我能够从他人的角度考虑感受和事情。

3. 我很喜欢去观察人的身体语言。

4. 我认为没有冲突是好的人际关系的标志。

5. 我发现很多人不太愿意和我交流。

6. 我很难对与我关系亲密的人说"不"。

7. 精确的言语表达对我来说很难。

8. 我很难向对方提出自己的想法和愿望。

9. 回想以往，我感到人际关系给我带来的更多是伤害。

10. 即使结束了一段关系，我仍然愿意不断寻找真心朋友。

📖 成长故事 ＞＞＞

　　小染上大学后像变了一个人，原先高中时候的她开朗爱笑，是朋友眼中的开心果。她最喜欢的事情就是和好朋友到学校旁边的果园里玩，那里有一棵她最喜欢的梨树，尤其是在梨树开花的时候，站在树下感觉像是来到一个神秘的庄园，很多烦恼都不翼而飞了。可是，现在在大学里小染既没有喜欢自己的朋友，也没有自己喜欢的梨树，陪着她的只有自己寂寞的声音。她也试着去结交新的朋友，可总是觉得很困难，她不知道发生了什么，就是没有交到很知心的朋友。

👤 项目探索 ＞＞＞

＞＞ 学习任务一　我们为什么要沟通 ＞＞

　　在现实生活中，那些自己选择或者不得不成为独居者的事例不断地证实与人接近和相处的必要性。W. 卡尔·杰克逊，一名独自航行55天、横越大西洋的探险家，概述了大多数独居者的普遍心情：

　　　　我发现第二个月的孤独使我深感痛苦。我一直以来都认为自己是个自给自足的人，但是此刻我终于明白，没有旁人做伴的生活是没有意义的。我开始有了强烈的、想要跟别人——一个真实的、鲜活的、有气息的人说话的需求。

　　我们每个人都需要独处，对独处的需求时间也远超过我们实际的独处时间。可是，每个人也都有自己独处的临界点，超过这个临界点，愉快就变成了痛苦。其实，我们都需要去沟通。

一、沟通的目标

（一）生理需求

　　人际沟通和个体的生理健康息息相关。医学研究人员列举了很多由缺乏亲密关系而导致的威胁健康事件。比如，一项超过30万人参与的综合分析显示，那些与朋友有着密切联系的社会联结者，其平均寿命要比社会孤独者的寿命长 3.7 年；贫乏的人际关系会危害冠状动脉的健康，其影响程度与抽烟、高血压、血脂过高、过度肥胖和缺乏运动等一样严重；和社交达人相比，社交孤独的个体患感冒的概率更要高。

在沟通中创造出积极关系的人的生活更健康。一个人一天仅需短短 10 分钟的交往就能改善记忆力，增强智力功能。与他人交往还可以减少孤独感和伴随孤独而来的疾病。能经常从爱人那里听到甜言蜜语的人，他们的应激激素水平往往更低。

但需要注意的是每个人需要与人亲近的次数并不相等，沟通的质与量应该是同等重要的。在某些情况下，关系的品质比关系本身更重要。

（二）认同需求

沟通是认识自我的重要途径。个体和他人的互动是认识自我的重要来源。一个戏剧性的例子就是"阿韦龙的野孩子"——一个在童年时期从未和人类接触过的男孩的真实故事。1800 年 1 月，有个小男孩在法国一个村落的菜园中偷挖蔬菜时被人发现。他的行为举止完全不像人类，他不会说话，只会发出奇特的哭叫声。他不仅缺乏社交技能，而且缺乏身为人类的自我认同。正如作家罗格·沙图克（Roger Shattuck）所写的："这个男孩没有身为人类的自觉，他完全意识不到自己是个和别人有联结的人。"直到进入亲密关系后，小男孩才开始转变，开始意识到自己身为一个人。

（三）社交需求

沟通除了可以帮助我们诠释自我之外，还有助于我们和他人建立重要的联结。通过沟通，我们可以满足个体的社交需要。研究显示，有效的人际沟通与快乐之间具有很紧密的联系。在一项针对大学生的研究中，研究人员发现感到快乐的那 10% 的人都认为自己拥有丰富的社交生活。同时，这些快乐的人，跟其他人在睡眠时间、运动量、看电视时间等可观测项上并没有差别。在一项关于女性的研究中，"社交性"对生活满意度的贡献大于其他任何活动，包括买东西、吃美食、玩游戏、看电视等。

正是因为与他人的联结如此重要，一些理论家主张，积极的关系也许是每一种文化中生活满足感和情绪幸福感唯一的、重要的来源。如果现在将自己的人际关系列一张表，你就会发现在你的生活关系中哪些人对你很重要。

（四）实际目标

通过社交关系，我们满足了生活中的很多实际需求。这也是学者认为的工具

学习笔记

性目标，即指让他人按照我们的方式去表现。有些工具性目标非常实际：跟卖水果的人说你想要吃的水果；向同学询问明天的课程有哪些；向教师请教你不懂的课程内容；和朋友商量明天的活动计划。沟通就是用来达成自己生活中的实际目标的工具。在医生、护士的实际工作中，有效沟通也是非常重要的，及时有效的沟通能够让很多工作事半功倍，能够创造出更加和谐的医患关系。

二、沟通高手的特征

沟通高手的非常重要的特征是能够从丰富多样的沟通行为中选择一种适合的行为。为了让你了解拥有一个庞大的沟通行为资料库的重要性，请试着想象一下：某个朋友在你面前一直在重复着同一个关于你的笑话，这让你觉得不舒服，为了回应这个笑话，你可以采取下列几种方式。

- 保持沉默，因为你知道一旦开口，你们就要吵起来，而你并不想这样。
- 示意其他人，让其他人提醒他不要再开玩笑了。
- 暗示他，让他感受到你的不舒服。
- 开个玩笑来表达你自己的不舒服。
- 直接说出来，并且要求他停止谈论这个话题。

你可以从上述回应中挑选一个对你最有利、对你的朋友最有效的方式去运用。但是，如果你只会用其中的几种，你就很难去应对更多复杂的情况。许多沟通者回应的方式十分有限：有些人只会进行攻击性的沟通，有些人只会逃避、不沟通，有些人用玩笑话来掩藏自己真实的情绪。这就像是只会烧几个特定菜的厨师或者是只会说几个段子的相声演员一样，他们只会用仅有的几种方式来进行回应，不管最后成不成功，都一再重复，不知变通。

要注意的是，仅仅知道许多不同的沟通技巧并不足够，还需要学会在不同的情境中运用。这就像是从不同的礼物中选择一个最适合对方的礼物，但适合某个人的礼物不见得适合其他人。同样的，在某些情境下看来不错的回应方式，并不代表在其他情境下也能奏效。

我们可以试着从下面三个要素进行判断。首先，沟通的情境、时间和地点常常会影响我们的表现。其次，我们的目的也会决定我们的选择。如果你想要和旁边的同学结识，你可以邀请他一起去看电影，但如果你想要保证自己的独处时间，那么冷静和礼貌是更明智的选择。最后，对他人的认知也会影响我们的决定。如果你和一个非常敏感或局促不安的人相处，你在做决定时最好要非常谨慎，并且能得到对方的支持。沟通对象也会影响你的沟通方式，对待老师和对待好友的说话方式可不一样。

»» 学习任务二　人际关系的建立 »»

一、人际吸引

在人际关系里我们是有自己的选择的。那么是什么让我们愿意去亲近一些人，而去回避其他人呢？

（一）吸引力的基础：正向作用

对我们有正向作用是产生人际吸引力的一种基本假设。这种正向作用有两种类型。一种是我们在交往过程中有明显的愉悦感。如果他人给予我们大量的支持和赞许，我们就会对这种关注和接纳感到非常高兴。如果他人很优秀，我们就会欣赏他的个人特征，愿意与他交往。另一种是如果他人能给我们带来积极影响，我们更会乐于接受这些好处。如果这种奖励越多，对我们的吸引力也就越强。

（二）空间接近：喜欢身边的人

我们或许在网络上结识过朋友，但当我们能听到朋友的声音、看到朋友的微笑、真实地握手时，这样的交流不是更有奖励意义吗？大部分时候，当人们近距离交往时（在身体上、在心理上都更接近），这样的人际关系奖励价值更高。空间的接近决定了人们能够相遇。在多数情况下，友谊和爱情都源自与身边人的交往。我们不一定会爱上所遇之人，但要爱上他们必须先遇到他们！

当然，空间上的接近所增加的吸引力是有限的。如果不断接触，则任何事物（喜爱的食物、歌曲，甚至是恋人）都可能会令人厌烦。熟识能提高吸引力，但过度接触则未必。而与可憎、难于相处的人接近并不一定让我们更喜欢他们。如果要给接近的作用下一个定论，就是它可能增加我们对他人的情感。如果我们与他人相处愉快，那么当他们在身边时我们会更喜欢他们；然而，如果我们讨厌某人，接近只会使事情变得更糟糕。

（三）第一印象吸引力

当我们因物理距离的相近而结识后，我们首先可能会注意到什么？

实验假设给你看一张陌生人的照片，要求你根据照片来猜测此人的性格特点和人生发展。研究发现，人们一般认为外表有吸引力的人更善于社会交往，更有趣，在人生的其他方面也更可能取得成功。总之，人们似乎受"美的就是好的"这个刻板印象的影响，而且我们似乎自动地做出这些判断，没有丝毫有意识的思考：当我们面对好看的面孔时，我们就开始了对它的正面评价。

但有趣的是，当经历了第一印象之后，那些外表普通但是有亲和力的人，会被评价为具有吸引力。这似乎说明了外表的重要性随着关系的加深而逐渐降低。

（四）相似性

如果遇上和我们刚好相像的人，有同样的背景、兴趣和品位，会让我们感到惺惺相惜。这就像是我们常说的"物以类聚，人以群分"，相似的人会彼此吸引。

这种相似首先是在年龄、性别、教育程度等人口统计学上的相似，其次是个体的价值观和人生态度上的相似，最后是性格、兴趣等方面的相似。比如，双方态度相同的程度和吸引力有着简单直接的关联：共同点越多，彼此越喜欢。特别是在长期相处时，处事风格和人格特质相像的人往往能和睦相处。值得注意的是，如果你的性格有一些弱点，你在与同样有这些弱点的人相处时就会感到更加满意，这就是所谓"臭味相投"。对友谊发展过程的研究发现，大学生初识后不久，他们最喜欢的同学是他们认为最像自己的人——这就是相似性在发挥作用。然而，随着时间的推移，大学生之间实际的相似性在友谊发展的过程中起着越来越重要的作用。他们在充分了解后，显然更喜欢那些真正与他们相似的人，尽管在一开始并不是这样。

（五）互补性

不同类型的行为能和谐共存，那些有助于我们实现自己目标的行为都是受欢迎的。如果双方有不同的技能，一方往往乐于让另一方在他的优势项目上发挥特长。这样的行为就是取长补短，即有互补性，它能弥补我们的不足，因此具有人际吸引力。大多数有互补性的行为其实是相似的。比如，热情随和的人在得到热情幽默的回报时最为快乐。不过，互补性更确切的形式涉及双方的不同行为：支配与顺从。如果人们非常自信，会希望对方听从自己的忠告；在其他场合下，如果人们需要帮助和建议，会希望对方能够给予。如此，互补性会产生相互吸引。

要建立有效率的、称心如意的互补性需要时间。例如，大学新生住在一起两三周后，他们的人际交往并没有出现任何互补性的迹象；他们仍按自己的习惯来行事，没有发展出能适应其他室友的行为模式。然而，15周之后互补性就很明显了：室友如果冷漠、疏远，其他室友也与他保持距离；室友如果热情、随和，其他室友则回报以友好、和蔼；室友如果言听计从，其他室友就倾向于处于支配地位。具有良好人际关系的双方善于找到方法来保持他们的相同点与不同点之间的平衡，以适应不断发生的改变。

然而，我们不需要过分强调这种相似性或者互补性。如果你真正想达成某事，对方若能助你如愿那是最好了，并且最好是双方轮流助对方如愿。归根结底，我们喜欢能使我们快乐、支持我们的对方，但我们讨厌使我们感到沮丧、阻碍我们的对方，这种相像和差异的混杂形成了人际关系的各种最优组合。而且，个体的成长和新奇的活动都具有奖赏意义，所以我们喜欢那些和我们兴趣不同的人，只要我们能与他们融洽相处。需牢记的重点是，相像的对方可能比任何人都更能满足我们的需求。

二、人际关系中的"陷阱"

（一）第一印象

众人皆知，第一印象非常重要。即使是第一次和人在非常短的时间里形成的印象，也仍然会在数月之后影响着其他人的判断。如果在初次交往的时候就非常厌恶这个人，那么我们在后期就会避免和他有任何进一步的接触。如果这样，第一印象就是我们获得的唯一印象，显然也是对此人做出永久评价的依据。然而，即使发现了新朋友的其他特点，第一印象仍会持续地影响着我们的评价。研究者在正式安排大学新生的见面会之后发现，学生最初形成的印象在9周后仍继续影响彼此的情感。

可见，有些第一印象是敏锐的和正确的，而且会一直对人际关系产生影响。因为有时我们并不需要很多时间就能明辨是非，这时就无须改变最初的知觉。当然，第一印象也有出错的可能。只是这种印象的改变可能需要很长的时间。不管是对还是错，第一印象盘踞不去，这就是它如此重要的原因。

请花点时间快速地评价具备以下特点的某个人：

妒忌、固执、挑剔、冲动、勤劳、聪明。

你愿意和这个人成为同事吗？大概不太愿意。那么再花些时间快速地估量具备以下特点的另一个人：

聪明、勤劳、冲动、挑剔、固执、妒忌。

印象好一点了吗？后面这个人并不完美，但看上去能干且上进。

第一印象之所以能发挥这么大的作用，是因为个体最先收集的信息会把个体的注意导向之后的新信息，而这就会导致有偏向的判断结果。最终结果是导致人们不能客观公平、不偏不倚地处理他人的信息。相反，这些已存的观念（不管是简单的刻板印象抑或是草率的第一印象）影响了人们对新信息的选择和采用。人们常常轻松、随意地忽略掉证明自己错误的证据，却一点儿也意识不到。人们仅仅根据那些支持自己看法的事实就盲目地相信自己对他人的判断，犯错的次数远比人们意识到的要多。

（二）刻板印象

当我们选择好一种分类标准后，我们便会对符合分类的人做出归纳和预测。举例来说，如果你特别具有性别意识，你就会特别留意男女行为的差异和他们被对待的方式的不同。只要符合事实，这种归纳并无不妥。

你可以通过补全下列句子，查看自己做出归纳或形成刻板印象的倾向。

女人是 _____

男人是 _____

长者是 _____

你在完成上述句子的时候很可能没有什么迟疑，这是否意味着你对以上三类人已有刻板印象？参照下列问题，看看你对长者的看法是否具备以下三个特征。

· 以通常辨认的特征将人分类。例如，年龄是相对容易识别的特征，因此如果你发现某人看上去已经 80 岁了，你很快就会将其归类为"长者"。

· 将一组特征加诸某一类群体的绝大多数，甚至是全体成员。例如，基于你和一些长者（有限的）接触的经历，你会下结论说老人都有听力障碍和守旧。

· 将这组特征应用于该类群体的任何一个成员。例如，当你在商店偶然遇到一个老人时，你会刻意说得非常响、非常慢。当然，对于那些根本不符合你刻板印象、精力充沛且精神矍铄的老人来说，你的行为很可能极度招人厌。

≫ 学习任务三　我们如何沟通 ≫

我们每天都要面对一个重要的挑战：虽然我们生活在同一个世界，但是我们又都活在自己的世界里。

我们要先仔细地查看我们理解世界的过程，可以通过为自身的经验赋予意义的三个步骤来达到这个目的：第一步是选择，我们身边的信息量远超过了我们所能处理的极限，所以我们要选择那些能给我们留下印象的信息；第二步是组织，我们会选择一种适合自己的方式来组织这些信息；第三步是诠释，在我们选择和组织了这些信息之后，我们就要开始用特定的意义来诠释这些信息。诠释几乎在每一次的人际互动中都发挥了作用。在熙熙攘攘的大厅中，一个向你微笑的陌生人是出于礼貌还是对你表示交往的兴趣呢？朋友开你的玩笑是想表示亲近还是意图激怒你呢？你又应该见招拆招还是一笑置之呢？这些感受和想法在每个人的心中，他们影响着彼此，并且试图在感知上达成一种共识，这个过程是协商。

我们对周围世界的理解受到自我概念——"我是谁"的影响。对于兴趣不同的人来说，在公园里散步可能有完全不同的经历：植物学家可能会注意植被的情况；服装设计师可能会关注身边人的衣服；而艺术家意识到的可能是人以及周围环境的色彩与形式。无论我们多么留意四周，都不可能注意到每一件事情，因为每时每刻发生的事情实在太多了。我们彼此的感知差异在强化人际关系的同时也在干扰人际关系。而我们对他人观点的误解可能造成彼此实际上和关系上的双重问题。世界在不同的人眼中表现出不同的样子，我们的心理构成、个人需求、兴趣和偏见塑造着我们自己的内心世界，生理因素会影响我们对外界的观点，社会角色会影响我们对事件的印象，文化影响我们对言行举止的是非判断等。通过他人的眼睛看世界，我们可以得到不同的领悟，这通常要比待在自己的世界里更有价值。

一、非言语沟通

非言语的行为在人际关系中能够传达大量信息，除了口头表达的话语和句法外，它几乎囊括了人们在人际交往中的所有行为。

非言语沟通具有巨大的影响力，表现形式之一就是它传递信息的渠道非常多。在这里，我们将讨论身体方向、姿势、手势、面部表情、注视行为、副语言、身体接触等在人际关系中所扮演的角色。

（一）身体方向

我们从身体、脚与头面对或背对他人的程度开始讨论。为了了解这些身体上的姿势是如何传递非语言信息的，你可以试试下面的实验。你需要两个朋友帮助你进行这个实验。想象一下，假如你正和一个朋友进行私人对话，这时第三个人走过来想要加入你们的对话。你并不喜欢这个人，但又不想没教养地要求他离开，那么你能做的就是利用你的身体姿势让他知道你们想独自交谈。实际上，你只要明显地将你的身体背向那个闯入者，就可以让他清楚地了解你的感受。在这过程中，你所传递的非语言信息是"我们正在兴头上，而且不希望你加入我们的谈话"。从这个情况中我们可以了解到，直接面对一个人表示你对他有兴趣，而背对一个人则表示出你想要避免跟他有交集。

借由观察别人的身体方向，你可以了解他们的感觉如何。如果你处在一个拥挤的环境中，你可以选择和一个人面对面，试着去观察他的行为反应，看他是否会熟练地避开。然后以同样的方式，反观自己的身体方向，你会很惊讶地发现你也在无意识地避开某个人，有意使自己背对对方。

（二）姿势

你的姿势透露出你的感觉是什么？你从对方的姿势中能读到什么信息？借由观察你周围人的姿势，你可以通过许多非语言的途径去了解别人的感觉。

姿势可能是非语言行为中最不模糊的一种。紧张和放松提供了辨识姿势的情绪之钥，我们在没有威胁的情境下会采取放松的姿势，在面临威胁的情境中会采取紧绷的姿势。

（三）手势

首先，手势可强调重点，它们伴随着谈话而不能单独存在。例如，有人在街角问你如何到达某一个餐厅时，你可能会告诉他街道名字和明显的路标，但是同时你也可能会用手指出方向，指引他如何到那里。如果去掉语言只留下你的动作，这个人可能就找不到餐厅了。

其次，手势拥有表征的功能，这样的非语言行为带有非常明确的意思，并且同一个文化圈内的几乎所有人都明白其含义。表征跟强调重点不一样，表征可以独立存在，并且经常可以取代语言。例如，我们知道点头代表"是"，摇头代表"不是"。但是，表征的含义并非如上述般放诸四海皆准。

最后，手势可调节动作，是指无意识的身体动作对环境做出的回应。冷的时候瑟缩打颤，通过双手抱胸来取暖就是调节动作的例子。当然，有时候我们碰到让自己感到很抗拒的人时也会双手抱胸，这种调节的手势流露出两人的关系气氛。调节动作通常都是无意识的，如在面谈时不自觉地扳指关节或搓手臂一类，这种自我触摸的行为有时也被称为操纵动作。

（四）面部表情

面部表情是最为直接表达人们的情绪状态的身体语言。例如，你在国外不懂当地的语言，却能够看出别人是否高兴：如果高兴，他们脸颊上的肌肉会把嘴角往上牵动，眼角也会皱褶起来。而快乐和其他几种情绪（哀伤、恐惧、愤怒、厌恶和惊奇）一样会引起独特的面部表情，几乎每种面部表情所诠释的情绪在全世界都是一样的。其他情绪（如尴尬）所涉及的面部系列动作和表情也是明白无误的。事实上，面部表情的这种普遍性表明它们是人类生而具有的天赋。人们在高兴时不用去学习微笑——他们生下来就会微笑。

面部表情含义能在真实表现的情况下提供非常丰富的信息。有趣的是，因为面部表情如此直接地表达个体的真情实感，人们有时会通过控制它来掩饰自己内心的感觉。不过，即使人们试图控制自己的表情，也仍然会泄露真实的情绪。一方面，伪装的表情往往和真实的表情有着细微的差别。例如，要假装微笑，很容易往上拉动嘴角，但很难做到自然地皱褶起眼角，因而在细心的观察者眼里，真正微笑和伪装微笑的区别洞若观火。另一方面，尽管我们努力控制，但真实情绪的自然闪现，即微表情在短暂的失控后显露无遗。

（五）注视行为

面部表情能给伴侣提供情感方面的有价值的信息。不过个体观看目标的方向和数量，即注视，也很重要。例如，仅仅看着别人就表达出我们对他有兴趣，而表情友好的人如果能吸引我们的视线并看着我们，则比看我们一眼后马上转移视线显得更讨人喜欢和有吸引力。如果我们在图书馆里被人盯着瞧，而我们不想和这个人交谈，那么就应该看向别处，而不是与之对视。

根据注视还能确定沟通双方的关系属于哪一种类型。恋人会比普通朋友更愿意看着对方的眼睛，而知己也会比普通朋友更愿意去相互注视。而且，如果陌生人在交往时更多地注视彼此的眼睛，比在一起时眼睛张望别处更加表示喜欢彼此。沟通双方更多地注视，不仅能代表交往的兴趣，而且是一种传递关爱的方式。

（六）副语言

副语言指除言语过程中的词语之外的各种声音特征，如节奏、音调、音量和速度。副语言经常与口头语言同时出现，为口头语言增添更多的辅助理解信息。个体的叫喊、哭闹、叹气、沉默等都是副语言的现象。因此，它不仅和人说话的内容有关，而且和说话的方式有关。副语言是一种非常重要的非语言交流方式，在人类语言交际中起着极其重要的作用。在日常生活中，真实情感信息在很大程度上是依靠副语言特征传递的。根据副语言还可以确定人际关系的性质。

（七）身体接触

身体接触也有丰富的含义。在很多文化中，人们首次相遇会彼此握手。在握手过程中，对方握手的力量、部位、时间和态度都传递着各种信息。握手行为和人的一些人格特质有关：握手时有力、满握和持续时间长的人与握手时软弱无力的人相比，往往更加外倾；握手有力的女性往往更随和。

当两人的关系变得更加亲密时，彼此身体接触也往往会增多。身体接触显然能传达出亲密信息。不过，不期而至的身体接触则常暗示着某人在相处中的支配位置。

（八）人际距离

人们必须离得很近才能发生身体接触。这表示交往双方一般要位于人际距离（隔开两人身体的实际空间）的范围之内，即在私人交往中保持的空间。人类学家爱德华，依据个体在特定时间内对这个人的感觉、对话内容以及我们的人际关系目标划分出日常生活中的四种距离。

人际距离的亲密区是从个体的前胸向外延伸至 46 厘米处。如果两人面对面近距离地站立着，他们之间的关系只有两种可能，非常亲密或十分仇视。更多的人际交往是在较远的距离进行的。人际区距离我们身体 46 厘米至 1.2 米。在人际区，朋友之间可能在较近的距离内交往，而一般的熟人则距离较远，所以根据人们交往时隔开的距离可以确定他们之间的关系如何。再远一些就是 1.2 米到 3.7 米的事务区，在这一人际距离里的交往更倾向于事务化。如果你面向面试官或者教授隔桌而坐，你就处在事务区，这样的距离就是合适的。但如果你相隔 1.5 米与好友私下交谈就显得很疏远。2 米到 3.6 米，这样的距离通常是我们跟老板之间的距离，这样他可以隔着他的办公桌看到我们，这跟拿一张椅子坐在老板旁约 1 米的距离有很大的不同，让人不那么紧张。超过 3.6 米就是公共区了，在这种距离的交往往往非常正式，主要适用于结构式的交往，如课堂上师生的互动。

这里的人际距离是北美人际交往的模式，这个数据通常比世界其他地区的人际距离要大一些。法国、拉丁美洲和阿拉伯等地区的人偏好较小的距离。人际距离是测定人际交往亲密程度的手段之一，甚至可以用来间接衡量人际关系的质量。选择合适的距离可以有效地彰显出我们如何对待及回应他人。例如，学生对于拉近与他们距离的教师以及该教师所教授的课程都比较满意，也比较愿意遵循教师的教学要求。同样地，接受医疗救助的患者也会对那些处于较近社交距离的医生感到更满意。

个人空间就像一个防护罩，无论我们走到哪里，它都在我们身边，仿佛是身体的一部分。而领域是地理上的位置，如工作的地点、房间，就是指在这些空间中我们可以拥有属于自己的权利的地方。有趣的是，也许你并不真正拥有某个领域的所有权却能获得一种拥有和归属的感觉。不管你在不在你自己家中的房间里，它就是你的，不过它不像个人空间那样可以移动。有些时候，你虽然你并未幻想教室里的那些桌椅是你所有的，但就是会觉得那个位置好像是你的。

我们已经介绍了非言语沟通的各个部分，从某种意义上说，每个部分都能发挥独特的影响。不过，它们通常会彼此强化，共同作用以传递个体连贯一致的情感和意图。如果我们面对面地和人交流，非言语沟通的所有部分都在起作用，把所有信息结合起来我们就能知道人们话语的真正意图。大多时候，非语言行为和话语传递着相同的信息。但如果人们的话语和动作之间存在不一致，言语背后的真实意图往往表现在非言语沟通当中，而不是言语沟通当中。

如果交谈的双方采取类似的姿势、表现出类似的表情、使用类似的副语言，就出现了无意识的行为模仿，这可能意味着交谈非常流畅顺利。

非言语行为的这些不同方面也能让我们对交往的亲密程度进行精细调整，从而确定令人舒适自在的亲近水平。设想你与一个朋友同坐在沙发上，这时你的这个朋友开始谈及私人问题，如果这种发展令你不自在（或许你不想听到这么多），你可以通过非语言的"退避"来调整交往亲密程度。你可以转向一边、往后靠使两人之间保持更大的人际距离，你可以转移注视的目光，你也可以借助不太活跃的副语言和不太愉悦的面部表情来表明你的不舒适。总之，非语言沟通在交往中发挥着重要的作用，也是社会生活中既实用又巧妙的技巧。

> **心理成长沙龙**
>
>

"你好"的意思

>
> 活动目标：培养学生用身体语言传递情感信息的能力。
>
> 事前准备：不需要特别的准备，放松即可。
>
> 活动方式：请学生通过不同的语气语调、身体语言来表现问候语"你好"。请学生特别注意表现"你好"背后的丰富内涵。此外，学生还可以表现其他语句，如"再见""你真好""我还可以"等。
>
> 示范练习："你好"的文字意思是赞美对方。但我们发现在现实生活中，"你好"这个词并不一定是这样的意思，有时甚至可能恰恰相反，可能是真诚、强迫、怀疑或者应付等。

二、言语沟通

学习笔记

在沟通中当我们接收到他人的信息时，有两个重要的任务要完成：第一是要准确地理解对方话语所表达的意思；第二是要向对方传达关注和理解，让对方知道我们对他的话是在意的。

（一）积极倾听

倾听不只是礼貌的注视和频频点头而已，还包含了其他内容。事实上，与其他沟通形式相比，我们确实花费了更多的时间在倾听别人说话上。美国语言学家保尔·兰金（Paul Rankin）认为，人们在日常交往中，言语实践的使用情况是：听占45%，说占30%，读占16%，写占9%。也就是说，人们有近一半的时间在听，倾听是人们最常用的沟通形式。不仅如此，在与人建立关系上，倾听至少与"说"有着同等重要的地位。在日常的谈话中，倾听对方的私人信息被视作关系满足感的重要组成部分。在一项调查研究中，"在倾听时无法了解对方的观点"是沟通中最常出现的问题之一。当一组成年人被问及家庭和社交场合中哪些沟通技巧最重要时，倾听总是排在第一位。

1. 倾听的定义

倾听是解读人际交往过程中他人所说信息的过程。这里我们需要注意：由于倾听是对讲话的回应，所以非语言的维度也要包含其中。一句话的表达方式会影响它所传达的意义。所以一个好的倾听者也会留意对方的副语言、面部表情和其他非言语线索。一般认为，倾听的过程包含了五个步骤：听到、专注、理解、回应和记忆。

①听到。听是倾听的生理维度。听只是一个被动地接收信息的生理过程，当空气的振动到达接收者耳膜时，听就做到了。这个过程会受到很多因素影响，如传递过程中的背景噪声。如果环境中有其他嘈杂的声音，尤其是频率又刚好与我

们所欲接收的信息一样时，我们就会很难从所处的背景中整理出重要的信息。另外，长期暴露在同一个音调或巨大的声响中会令人疲乏或暂时性失聪。

心理成长沙龙

倾听练习

请同学们先不要说话，闭上眼睛，用一分钟时间静下心来，把注意力放在自己的耳朵上，用心去聆听你周围环境的声音。两分钟以后，请同学们睁开眼睛，回想一下刚刚你听到了多少种声音，请把这些声音记录在纸上（教师可以现场统计，从听到六种及以上声音开始，逐一递减）。请同学们分析一下，大家在同一个环境中为什么每个人听到声音的种类差别这么大。

学习笔记

②专注。专注是一个心理过程，也是我们所说的调动感知功能的知觉的选择过程的一部分。如果对每一个听到的信息都集中注意的话，我们一定会被这些信息淹没，所以我们必须过滤掉一些信息，将注意力放在自己认为重要的声音上。我们的愿望、需求、欲望和兴趣等，都决定了我们选择的焦点。研究显示，当对方有一些反馈时，我们会更加专注于信息上。如果你正计划去看一场电影，而你的朋友恰好讲到这部电影，那么你会比平时更加专注地去倾听。如果你想要与某人建立良好的关系，你就会更认真地倾听他所说的每一句话，以期加深彼此之间的亲密程度。

③理解。理解发生在我们弄清楚一个信息的意思的时候。我们有这样的经验，当我们听到和专注于一个信息后，却还是没能理解它，甚至还有可能误解信息的意义。不同的听者在不同的情境下所理解的信息和信息的发送者试图传达的意思之间有不同的匹配度。

④回应。对一个信息的回应，就是对说话者给予清楚的反馈。我们应该多对说话者给予一些反馈。好的倾听者会使用非语言行为来表达他们的专心，如保持目光的接触、给予恰当的脸部表情。言语行为包括回应对方的问题、交换意见与想法等。

⑤记忆。记忆，即记住信息的一种能力。如果我们无法记住自己听到的信息，便会枉费我们对倾听所做的努力。有调查报告显示，大部分的人只能记得刚刚听到的50%的内容；8小时内这个数据会下降到35%；而2个月后平均只会剩下25%的内容。总起来说，我们每天所处理的信息量，不论是来自教师、朋友、广播、电视，还是来自其他的媒介，能够被我们的记忆所保留下来的信息仅仅是我们听到的一小部分。因此，有效地倾听需要付出努力。

2. 倾听反应的类型

通过以上倾听的五个步骤，我们可以知道对方能否正确地理解我们所说的话。

试想一下，假如你认为某人是一个良好的倾听者，你为什么会认为他具有倾听能力？可能是因为他在你说话时所使用的回应方式——当你说话时他的眼神与你接触并且不时点头示意，当你说到很重要的事情时他保持专注良久，当你说到某些不可思议的事情时他会发出惊叹声，当你难受时他给予同情和支持，当你请教他问题时他能恰当地给你一种新观点或忠告。在这里，我们将重点讨论四种方式。

借力使力——顺着说话者的话题，让他继续讲述。倾听者可以使用沉默和简短的言论来鼓舞对方多说一些话，让对方借由这个过程来帮助自己解决问题。

当你无法帮别人做决定时，借力使力是一个很棒的技巧。你会发现其实你不用做太多，你的沉默就是一个帮助别人寻找答案的催化剂，尤其是当你与对方真诚相处的时候，你的非语言行为，如眼神的接触、姿势、面部表情、声调，都可以显示出你对对方的关心。但是要记得，如果你使用的方式机械又呆板，则有可能惹恼、激怒别人，反而不能帮助到对方。

问话——询问信息可以有助于提问者和回答者深入思考。问话至少能给予提问者帮助，最明显的是，获得的答案将使回答者对事实和细节有更深入的理解（"他对你说了他为什么那样做吗？""后来又发生了什么事情？"）。而且，经由提问，提问者将更加清楚对方的想法和感受（"你心里怎么想？""你生我的气吗？"），同时也会得知他们的期望（"你希望我重新做一份课件吗？"）。

支持——人们从你那里想要听到的不仅仅是重复的感受或者近似的东西，他们更想听到你对他们的真实想法和感觉。支持性的反应是倾听者通过自己的反应表达自己和讲述者在同一立场上，通常表现为"表达关注，支持对方的情感、兴趣和观点，尤其是对方处在悲伤和抑郁的时候"。

以下有几种类型的支持性回应：同理心（"是啊，这门课对我来说也很困难"）；同意（"听起来那份工作很适合你"）；提供协助（"如果你需要我的话，我就在这里"）；赞美（"我觉得你是一个很好的人啊，如果她不这么想，那是她不够了解你"）；恢复信心（"最糟糕的状况已经结束了，从现在开始一切都会好转的"）。

复述——复述接收到的信息，即用自己的话重复对方的意思，让信息的传递者有机会肯定那就是他真正想要表达的意思。人们在谈话中用到复述时，并不想当然地认为自己理解了对方的话，并马上给予答复。相反，他们会复述对方的话，从而花些时间来检查自己的理解是否正确。这看起来会使沟通不太流畅，但它确实是个避免争吵和冲突的非常好的方法，不这样做就容易引起误解。无论谈话在什么时候开始变得过于热烈，复述都可以使之免于失控。看看下面的对话错在哪里。

男孩：（叹气）我感到很高兴，下周你不在学校要出去实习。

女孩：（发怒）怎么，我不在你的身边你很高兴啊！

也许女孩在发火之前，做一点复述就能缓和关系。

男孩：（叹气）我感到很高兴，下周你不在学校要出去实习。

女孩：（发怒）你是说你很高兴我不在你身边？

男孩：（吃惊）不，我当然喜欢你在我身边，可是下周我要去参加比赛，要集中训练就没有办法陪你了。

女孩：（松了口气）哦！

（二）知觉检验

在知觉检验时，人们要求对方阐述自己说过的话，澄清某些说辞，从而能评价自己对说话者的感受所做出的推断是否准确。这表达了自己的专注和兴趣，也鼓励了对方更加开放："你好像对我说的话感到很不安，对吗？"如果我们一厢情愿地认定我们对事情的解释就是事实，恐怕会产生很多严重的人际困境。就像大多数人一样，我们也不喜欢别人对自己行为的原因草草下结论，想象一下别人对你这样说：

你为什么对我生气？（谁说我生你的气了？）

你出了什么问题？（谁说我有问题？）

快点！告诉我实话！（谁说我在说谎？）

即便你的诠释是正确的，然而义正词严、一针见血的评论很可能让对方产生自我防卫。知觉检验的技巧为你提供了处理这些诠释的更好方法。

知觉检验主要包含三个步骤：首先是描述你注意到的行为；其次是列出从你的角度来看，此行为至少有两种可能的诠释；最后是请对方从他的观点中做出可能的诠释的澄清。

对于先前的三个例子，知觉检验可能会像这样：

当你踱步走出房间，并大力地关上房门时。（行为）

我不知道你是不是因为我而生气。（第一种诠释）

或者你只是比较匆忙。（第二种诠释）

你真正的感觉是什么样的？（请求澄清）

你这几天都没有笑容。（行为）

我想知道是否有事让你心烦。（第一种诠释）

或者你只是觉得比较平静。（第二种诠释）

到底是因为什么？（请求澄清）

你说你喜欢我所从事的工作。（行为）

　　但是你说这句话的语调，让我觉得你可能并不是真的喜欢。（第一种诠释）

　　虽然这可能只是我的猜测。（第二种诠释）

　　你可以告诉我你真正的想法吗？（请求澄清）

这个技巧可以协助你了解别人，它可以让你看到第一印象并不是完全正确的。知觉检验需要彼此协力合作。除了得到更精确的知觉外，知觉检验还借着维护对方的面子来减少对方的防卫。这个技巧以一种更尊重对方的态度表示："我知道没有其他线索的帮助，我不够格对你做出判断。"而不应直接说："我知道你在想什么。"

（三）同理心

知觉检验是一项用于澄清模糊信息的工具，但信息的模糊并不是知觉问题的唯一原因，其实我们了解对方的意思，却不了解他们想法背后的原因，这时我们所缺少的是设身处地理解他人情感的共情能力——同理心。第一，观点——从其他人的角度来体验他们眼里的世界，这需要中止我们自己的论点，试着去了解对方的世界；第二，情感——使我们更贴近地去体验别人的感受，去感受对方的恐惧、喜悦、伤心等感觉；第三，关心——真实地关心对方的福祉。

（四）准确表述

我们不论在什么场合讲话，都要力求做到措辞精确，表述准确。我们经常混淆的错误有以下几种。

1. 事实性陈述与意见性陈述的混淆

事实性陈述可以用对或错来证实。意见性陈述基本上以说话者的信念为主，这是无法被证实或否认的。从下列例子中，可以看到事实性陈述与意见性陈述的差异。

事实性陈述	意见性陈述
你忘了我的生日。	你一点都不关心我。
你一直干扰我。	你是个控制狂。
你说了很多关于 ×× 的笑话。	你是个偏执的人。

这样把事实性陈述和意见性陈述摆在一起时，差别便显而易见。在每天的对话中，我们通常把我们的意见当作事实一样陈述，因此引发了不必要的争论。例如：

笨蛋才会这么说！

学习笔记

花这么多的钱在一双鞋上，实在是太浪费了！

如果在这些话前面加上"在我看来"或"我觉得"等修饰语，则陈述可以显得不那么具备敌对性。

2. 事实性陈述与推论性陈述的混淆

把你的意见表述出来可以朝理性的和谐迈向一大步，但拥有这个习惯却不能保证可以解决所有问题，我们会因事实性陈述和推论性陈述而感到困惑。所谓推论性陈述，便是在一切都未定的情况下，就得出结论。

当我们把推论当作事实时，争议便由此而生。

A：你为什么要对我生气？

B：我不是在气你。为什么你最近那么没有安全感？

A：我才不是没有安全感，是你有些吹毛求疵。

B："吹毛求疵"，你这话是什么意思？我才没有吹毛求疵……

尽量不要去猜测他人的心思。我们可以用知觉检验技巧，来辨识我们所观察到的行为，并尽可能地客观描述。在列出这一系列描述后，要求对方对你所描述事情的正确性做出回应。

当你不回我消息时（事件），我就会认为你是在生气（推论）。你是这样想的吗？

你最近一直问我，我是不是还爱着你（事实），这让我猜想你很没有安全感（推论）。或许我最近的行为有些反常。你在想什么（疑问）？

3. 情绪性语言

情绪性语言表面上是在描述某件事，但事实上它表明了说话者对某件事的态度。如果你认同你的朋友对一个问题的迂回说法，你可能会认为他是"机智的"；如果你不认同他的观点，你可能认为他在"拐弯抹角"地说。不管这种态度好不好，都不过只是一种意见而非事实，而它是受到情绪性语言影响所造成的。

你可以借由下列的例子来理解情绪性语言是何等的主观。

当你认同时，你可能会说	当你不认同时，你可能会说
朴实	廉价
传统	老旧
外向	人来疯
谨慎	胆小
革新	激进

为了避免因为情绪性的字眼发生争吵，我们可以用中性的语言来描述人、事物、想法或者观点。这种不带情绪性的陈述不但显得精确，而且被别人接受的可能性也更大。

4. 语言的责任性

语言的责任性，也就是语言使用者所具备的责任感。说话者接受还是拒绝责任向我们提供了很多关于对方的信息，同时也营造了良好的沟通气氛。

（1）"这件事"的陈述

　　　　你迟到这件事，真让人困扰。

　　　　你迟到让我很担心。

　　　　能够看到你这件事，真让人高兴。

　　　　我很高兴看到你。

　　　　这堂课很无聊。

　　　　我在无聊地上课。

"这件事"的陈述用"这"来取代人称代词"我"。使用"这"陈述的沟通者会逃避对信息所有权的责任，而用一些无法辨识的来源取代之。这样的习惯不只是不精确，更重要的是表明了一种无意识地想逃避立场的态度。

（2）"但是"的陈述

　　　　你真的是个好人，但是我想我们还是不要再见面了。

　　　　你为我们付出了很多，但是我们不得不让你离开。

"但是"的陈述就好像"心理学三明治"，把真实却又残酷的信息夹在令人较为愉快的观点里。这种方式也是一种保留颜面的策略，必要时可以使用。需要注意的是，"但是"这个词的出现可能会抹除之前所表示的赞扬和肯定。无论如何，当沟通目标必须绝对清楚时，最好的承担责任的方式是一语道破，而不是用"但是"的陈述来分散注意力。

（3）使用"你"和"我"的语言

　　　　你把这个地方弄得一团乱。

　　　　你没有遵守你的承诺。

使用"你"的语言相当不同，它表达出对他人的论断。每一项"你"字的陈述，都隐含着对对方的抱怨。不难发现，使用"你"字的语言会激发他人的防卫意识。这似乎让对方感到说话者是在评判他人。这会让对方更加不注意说话的内容，而是去急着防御。

与此相反的是，"我"字的陈述提供了一个比较不那么引起防御的方式来表达个体的不满。使用"我"字的陈述表明，说话者愿意为自己所表达的不满负起责任，因为它只是描述自己对他人行为的反应，而没有对行为价值做出任何评判。比如：

　　　　我想一个人负责寝室里全部的打扫工作。

　　　　我生气的是我准时到了，你却没有。

值得注意的是，无论构思和传达得再好，也不都是无往不利的。"我"的陈述大体上听起来有点自我中心。不管怎么样，不会有人喜欢听到是因为自己的行为打扰到别人的生活。

（4）使用"我们"的语言

我想我们有个难题，我们似乎一提到钱就会吵架。

我们好像没有把这个地方的整洁维持好，好吗？

克服过度使用"我"字陈述的一种方式是，考虑用"我们"这个代名词。"我们"的语言暗示了陈述的议题是说话者和倾听者共同关心并负责的。"我们"的陈述除了让人感到亲近外，还有种"我们同在一起"的倾向，反映出沟通的本质。使用第一人称复数代词"我们"，可以表示出沟通者之间的密切程度、共通性及凝聚性。

然而，"我们"的陈述也不一定都是恰当的。有时候，使用这样的称呼会很冒昧，因为听起来好像你们之间是对等的。不难想象，当你说"我们有问题了……"时，另一个人可能会说"也许是你有问题，请不要跟我说是我的问题"。

一方面，我们应尽可能详细、清楚地指出引发情绪的特定行为，而不要针对个体。这样的行为描述不仅可以将自己的想法告诉对方，而且还可以把重点放在可以处理的、单独的某个行为上，而不是去企图改变对方。正确的行为描述专指某一个特定事件，不会涉及普遍性，因此不会在言语中出现类似这样的词语："你总是不让我把话说完""你为什么总是这样对我"。这些不是正确的行为描述。另一方面，我们要用第一人称"我"来明确陈述自己的感受，清楚地描述自己的情感反应。这种句式能驱使我们辨识自己的情感，这对双方都有好处，也有助于我们"拥有"并承认自己的情感，而不是把关注点全部放在他人身上。我们的注意力应集中在"我现在感到很伤心"，而不是说"你真的让我很伤心"。

把行为描述和第一人称陈述结合起来的简单方法是把它们整合成 XYZ 陈述，从而更清楚、准确地进行沟通。XYZ 陈述格式如下："当你在 Y 情境下做 X 事的时候"（标准的行为描述），"我感到了 Z 情绪"（第一人称陈述）。听听你自己对对方的抱怨，你是在说：

你怎么这么不为我着想！从来不让我把话说完！

或者力求简单而准确地说出自己的意图：

你刚刚打断我讲话的时候，我感到很生气。

不是所有的语言问题都来自误解。有时候，即使我们非常了解一个人，但还是会和他产生冲突。当然，我们并不是要避免或消除所有的争议，但是改掉这些语言上的不良习惯，可以减少不必要的沟通冲突，让你省下力气去对付那些无法避免的或重大的议题。

（五）自我表露

自我表露是个体有意透露自己重要的、轻易不为人知的信息的过程。首先，这个过程是个体有意的。比如，如果你偶然地向一个朋友提起你正在考虑面试，或者你的面部表情泄露了你试图掩藏的恼怒，这些都不能算是自我表露。其次，除了有意透露以外，这些信息必须是重要的。假如你喜欢乱说话，那么那些不重要的事实、意见或者感觉就很难算作自我表露。最后，自我表露的内容是不为人知的。假如别人已经看出了你的情绪，也知道了原因，这时你再去告诉他们你沮丧或得意的心情，就不值得关注了。因此，这个过程是关系亲密程度的指标之一。如果两个人没有共同拥有一些私人的秘密信息，那么他们的关系就不算是亲密关系。

自我表露有如下好处。

宣泄：你会袒露信息，试图"一吐胸中块垒"。你可以通过这个过程表达自己的观点，抒发压抑的情绪。

互惠：一个人的自我表露可能会引起另一个人的相似行为，但这并不是说一定会发生。可以确定的是，自我表露过程中展示的诚实会让其他人感到安全，他们甚至感觉有义务去配合你的诚实。今天你告诉朋友你在学习或生活中遇到的问题，也许会帮助他在今后向你倾诉他的家庭故事。当然，表露的时机必须是合适的。

自我澄清和确认：和他人一起谈论自己的期待、态度、感觉和想法，可以有助于我们厘清自己关于这些话题的观点。这种"把问题说出来"的情况可能发生在我们和心理咨询师的谈话过程中，也有可能发生在我们和朋友谈话的过程中。

关系的创建和维持：一开始的自我表露有助于双方人际关系的建立。考虑一下自我表露在第一次约会或者一次面试中起到的作用（当然，在这两个情境中，表露的方式会有很大的不同）。在维持成功的人际关系中，自我表露也发挥了一定的作用。人们在交往中相互坦诚交流各自的思想、对事情的看法以及快乐和痛苦的情感，有助于良好的人际关系的建立与维持。

在关系刚开始建立的时候，自我表露的主题是从少数几个不同的话题，并且不带个人色彩，然而随着关系程度的推进，人们会讨论更多的私人主题，透露更多自己的秘密。要注意的是，遵循自我表露原则要有前提，就是对对方有比较全面的了解。切不可在不明了对方企图的情况下轻率地表露自己的一切，以免被人利用，或被伤害。

人际关系的发展大体上就是这样。在早期交往阶段，自我表露通常会表现出明显的相互作用。当新伙伴愿意敞开自己，我们也会倾向于袒露心声。而当对方表露少的时候，我们也会慢慢关闭自己的世界。我们透露自己信息的程度，则往往取决于不同的对象，在不同的人际关系中也有很大的变化。这往往也是个渐进的过程，新伙伴通常分阶段地转到更深层次的话题，而不是一步到位。一次说太多、太快是危险的，因为这样会突破别人的期望，常常会给人留下糟糕的印象。最好的策略是保持耐心，逐渐增加你们交往的亲密感。

然而一旦人际关系变得非常稳定后，相互作用就减少了，因为表露较多私人信息的一方，可能很长时间都得不到对方的回应。持久的亲密关系似乎取决于双方的应答性而非相互作用。也就是说，人们希望感受到爱意和受人重视，所以希望自己能够得到明显的理解、关爱、支持和尊重。也就是说，当我们向朋友透露了一些隐私后，我们并不需要对方回报以相似的秘密，而是希望我们的真诚能够引起对方的同情、宽容和接纳。

自我表露和喜欢对方是相互影响的。首先，我们会对自己喜欢的人透露更多的个人信息。其次，我们也可能因为对他人进行了自我表露，从而倾向于喜欢他们。如果其他条件相同，对他人越开放，我们就越喜欢他们。最后，也可能是最重要的一点，别人信任我们而对我们进行自我表露，这具有奖赏意义。一般而言，适当的自我表露多的个体会比那些完全不谈自己个人信息的人更容易让人信任和喜爱。所以，自我表露会让人感觉良好，这方面的言语沟通是构筑亲密关系必不可少的基础。

（六）守礼且镇定

如果我们大发脾气或者充满攻击性地表达自己的建议，这就会让信息的传递非常困难。因为当我们遭受他人的蔑视和敌视时，心态就很难保持温和和放松。故意嘲弄与鄙视对方的人也更容易遭到对方的攻击。这在亲密关系中更加明显，双方陷入负面情感相互作用的沟通困境中，彼此瞧不起对方，更不会去尊重彼此的差异。

虽然 XYZ 陈述和积极的倾听技能都有助于双方避免愤怒、敌对的沟通，但研究者发现，一旦人们开始变得愤怒，头脑里根本想不到运用这些技巧。当你处在"痛恨对方，想要报复，感到心被刺痛而想反击"的心理状态时，要想做出第一人称陈述非常困难，甚至根本不可能。

因而，在被对方激怒的时候能保持清醒，在开始生气的时候能冷静下来，都是非常可贵的技能。如果把愤怒解释为思考问题的另一种方式，试着沟通结果就会更好。如果认为他人强词夺理、有失公允而造成本可避免的悲痛和不幸，这种认知就会引起人的愤怒反应。有时候换一种观点来看问题，愤怒就能减轻甚至完全可以避免。更有适应价值的想法是，"这个人持反对意见。我想知道这是为什么"，而不应该这样想"他没有权利这样子数落我"。

当然，人在被激怒的时候很难保持理性的思维。所以，只要有可能就应该事先允诺与对方以礼相待，这也是试着减少使人愤怒的事件的好方法。你可以和对方定期会谈，礼貌地表达各自的不满，共同解决矛盾，这样你们就都能轻松愉快地相处。在任何情况下，双方都不应该彼此侮辱和讥讽。如果你发现自己处在一种消极情感相互作用的状况中时，就可以暂停一下以打断这个恶性循环。例如，你可以要求休息片刻："某某，我太生气了，现在想不清楚问题。请给我 10 分钟让我冷静一下。"等你不再那么激动的时候，再回来讨论刚才的问题。或者你也可以独自一人待着，每分钟做 6 个深长的呼吸，就能更快地平静下来。

（七）尊重和确认的力量

良好的沟通需要很多因素促成：主动有意识、清晰地表达明确的信息，即使出现争吵也仍保持尊重和克制。但最为重要的是我们在沟通中都能够表现出对对方观点的尊重。这是因为我们也期望对方能够同样尊重和关心自己，要不然就很容易产生愤怒和苦恼。所以，承认对方观点的合理性，表达对他们立场的尊重，一直是我们在人际交往中值得拥有的目标。

你并不需要一定与别人的观点一致。即使与对方的观点相左，你也能对其观点表示尊重和认可。请思考以下三种对抱怨的回应方式，即反向抱怨、赞同、认可。

李强：我讨厌你这样做。

反向抱怨　王萌：我讨厌你和 ×× 喝醉酒。

赞同　　　王萌：好吧，你说得对，我不会那样做了。

认可　　　王萌：是的，我明白你的感受。你说得有道理，但我希望你也能理解我的感受。

只有最后一个回应既承认了李强的观点的合理性，又表达了王萌自己的情感，从而能开启坦诚、诚恳的对话。即使我们与对方持有不同的意见，也不需要虚假或谦卑地屈从对方的意见。

运用沟通技巧有助于营造充满关心、关注的氛围和积极反应的沟通环境，从而有效减少争执产生时的强度和影响。

≫　学习任务四　人际关系的冲突管理　≫

很多人在面对冲突时都会采取"缺席"的方式，也就是说当他们有需要时就会出现，对别人的需要却视若无睹。你习惯用什么方式来面对冲突？通过思考两个假设人物——李罗和陈露——如何处理问题，找出你的答案。

李罗和陈露两人一起跑步已经一年多了，每周三次，每次一小时以上。

这两个跑者颇为相配，他们共同挑战用更快的速度跑更远一点的距离。他们在跑步时的距离变得越来越近，慢慢地他们开始谈论一些从来都不曾跟别人说过的个人事情。

最近陈露开始邀请一些她的朋友加入跑步。李罗喜欢陈露的朋友们，但是他们不是体力充沛的运动员，所以跑步的过程变得有点不过瘾，而且李罗担心会减少他和陈露一对一的谈心时间。李罗跟陈露谈到自己的这个想法，但是陈露不以为意，她回答说："我看不出有什么问题，我们还是有很多时间一起在路上跑，而且你说过你喜欢我的朋友。"于是，李罗回答说："但是这不一样啊！"

这个情境出现了所有冲突元素：各自表达出来的矛盾（他们的差异已经显现，两人各持有不同的意见）；两个相互依赖的个体（他们享受彼此做伴的感觉并且一起跑比单独跑效果更好）；感觉到不相容的目标（陈露想邀朋友一起跑步，而李罗只想和陈露独处）；不足的资源（他们只有这些时间可以用来跑步）。

这里有五种方法来处理李罗和陈露的事情，每一种都呈现出某种处理冲突的取向：

· 他们可以说"那就算了吧"，然后不再一起跑步。

· 李罗让步，牺牲他想要跟陈露独处的时间和有默契的速度。或是陈露让步，牺牲她其他的朋友，只维持和李罗的友谊。

· 李罗或陈露发出最后的通牒："照我的意思，否则就不再一起跑步。"

· 他们可以互相妥协，有时候邀请陈露的朋友一起跑，有时候不邀请那些朋友。

· 李罗和陈露一起应用头脑风暴的方法，想出一个既跟她的朋友一起跑，又同时保有彼此一对一的时间和互相激励的效果的办法。

一、逃避（双输）

逃避发生在人们不知所措地忽视或跟冲突保持距离时。逃避可能是身体上的（在发生争执之后故意绕开他身边），或者言语上的（改变话题、开玩笑或否认问题的存在）。逃避冲突有它的诱惑性，但是研究发现这种方式也有代价：在处理逃避的问题上，那些沉默的人比有建设性地面对冲突的人，感到更沮丧、更不舒服。

持续的逃避态度往往反映出个体对冲突的悲观想法，认为不可能有好办法可以解决现在的问题。有些逃避者认为把事情暂时搁置会比直接面对问题并解决更容易些，也有些逃避者认为放弃比较好（无论是问题还是关系），免得一直要面对无解的困境。这两种状况都导致双输（输—输）的结果，没有人会获得满足。

在刚刚的例子中，逃避的意思是，与其在两人的想法不一致之间挣扎，不如干脆停止一起跑步。虽然这样两人不至于吵架，但是这也意味着两人都会失去跑步伙伴和双方的友谊。这个"解决办法"显示出逃避带来的双输结果。

从实际效果上来看，逃避确实可以使矛盾双方短暂地保持和平，但是也最可能形成不满意的关系。长期的误解、怨恨和失望堆积会破坏情绪，出于这些理由，我们可以说逃避者既不关心自己的需要，也不关心同样遭受各种问题困扰的对方的利益。

除了这些明显的缺点外，逃避也不是一无是处。假如风险太大，会引发一场尴尬的公开争执，甚至让人遭受身体的伤害，或者你认为这段关系不值得付出努力以避免冲突，那么逃避某些特定的议题或情境也许是合理的。即使在亲密关系中，逃避也不是毫无逻辑的。假如产生的话题是暂时的或微不足道的，你可能会让事情过去。当然这并不是说和谐的关系的关键就是要忽视所有的冲突，相反地，我们是要将精力集中在解决重大的冲突议题中。

二、调适（一输一赢）

调适发生在当你允许别人用他的方法甚过坚持自己的方法，调适者比较少关切自己却对别人比较关切，导致一输一赢的结果，以及"按照别人的方法做"的让步。在我们假设的例子中，李罗会调整自己配合陈露，让她的朋友加入他们的跑步活动，但这样会使李罗减少身体训练，失去与陈露默契相处的机会，或是陈露配合李罗，只跟李罗一个人跑步。

调适者沟通的动机在某种程度上决定了沟通的效果。假如调适是仁慈、慷慨或爱的真诚行动，就很可能有机会增进关系。大多数人都会感激有人"牺牲小我成就大我""以别人想要的方式对待他们"，或者"失之东隅收之桑榆"，而大多数人都不喜欢习惯性地扮演"抱怨者、哀鸣者、破坏者"这些角色的人。

在这里，我们要注意影响人们如何感知冲突的重要角色——文化。集体主义的人，倾向于认为逃避和调适是一种保留面子与处理冲突的高尚方法；而个人主义的人，倾向于视逃避和调适为负面反应。比如，当美国人描述在冲突中选择放弃或屈服的人时，常用"不堪一击""好好先生""忍气吞声"等这些词语。

三、竞争（一赢一输，有时会转成双输）

调适的反面是竞争，这是一种处理冲突的一赢一输取向的方法，竞争者只在乎自己而忽略别人，希望以"我的方法"来寻求解决冲突之道。例如，如果李罗和陈露两人都强迫对方让步的话，那么可能其中一方会获胜，另一方会成为输家。

人们用这种竞争的一赢一输的方法来解决冲突，通常是因为他们感觉到一种"不是……就是……"的情况：不是我拿到我想要的，就是你拿到你想要的。一赢一输最明显的例子是某些游戏，如网球或扑克牌的游戏规则。一些人际话题似乎很符合这个一赢一输的框架：两个同事都想晋升到同一个职位。

真实或暗示的威胁不是运用在冲突上的唯一权力。依赖权威的人会热衷于使用各式各样的你输我赢的方法，而不必动用身体的威胁。在多数工作中，上级有权力去分配工作时间、工作升迁和调配职务，当然还有开除不能胜任的员工的权力。

四、妥协（部分双输）

妥协至少给双方部分他们想要的东西，虽然双方也都做出了牺牲。当事情看起来只能达到部分满足时，人们通常会选择妥协。在李罗和陈露的例子中，他们就可以直接用"各取一半，轮流满足"的方式，有时只有两人一起跑，有时两人跟陈露的朋友们一起跑。妥协其实是协调出一个解决方法，满足了他们想要的某些东西，但是也失去了一些令人重视的东西。

虽然妥协比输掉一切要好，但对于某些人而言，这个方法似乎算不上理想。阿尔伯特（Albert）写了一本有关冲突解决的书籍，关于我们对冲突解决的态度提出了一个有趣的现象。他问，为什么当一个人说"我会在我的价值观上做出妥协"时，我们认为这个行为是不可取的，但如果是冲突的双方为了解决问题而妥协，我们就视为可取的呢？也许妥协就是某些冲突的最佳出路，但是我们必须知道如果冲突双方能够一起合作，他们通常就能找出更好的解决办法。

我们大多数人会纠结于让步的坏结果。这时，妥协就是一个负面的词语了。

但某些妥协的确使得双方都满意。你可能在销售员出的价钱和你所谈的价钱之间谈妥一辆二手车的价钱，虽然两个人都没有得到最想要的结果，但是结局使得双方满意。类似的情况，你和你的同伴也许会同意一起去看一部第二优先权的电影，以便两个人可以共度一晚。要得到让每个人都满意的结果，让步并非唯一的选择，还有一个有效解决冲突的方法：合作。

五、合作（双赢）

合作是在彼此的差异中寻找共同的解决之道。合作表示同时高度关心自己和别人，而不是用"我的方法"或"你的方法"来解决问题，他们重视的是"我们的方法"。最佳的合作状态会带来双赢的结果，大家都从中得到自己想要的。

例如，陈露和李罗可以合作，商量出能够同时满足双方需求的方案，他们可以决定继续一对一相互提携的跑步计划，然后邀请陈露的朋友在每次路段的最后几千米才加入一起跑；或者他们可以制订其他挑战性较小的计划，以便陈露的朋友们也能参与其中；再或者他们还可以找出其他方法，既能和陈露的朋友们待在一起，又能让两人感受到乐趣。

合作的目的是让冲突双方都能接受问题解决的结果。这意味着他们不仅要避免以对方利益为代价取得胜利，而且相信经由共同的努力，他们能够找出一条超越妥协、使每一个人都达到自己目标的解决方法。

这并不是说，对每一个有类似问题的人来说，合作是最正确的。不同的人会发现其他更适合他们的解决方法。合作给你提供了一条路，让你可以依靠创意找出只适用于你个人独特问题的正确答案。通过思考双赢策略，你可以亲手打造一条解决冲突之道，让每个人都觉得舒服自在。

哪一种方式最好？

就前面的例子来看，合作似乎是解决问题的理想方式，但如果你认为面对冲突只有这一种"最佳"方式，未免想得过于简单了。一般来说，大家都喜欢双赢，但实际上在很多时候逃避、竞争、调适和妥协都有可取的地方。当你决定使用哪一种适合的沟通方式时，要考虑下列几点。

第一，关系。当对方比你拥有更高的权力时，选择不同的沟通方法也许是最好的方式。例如，老板告诉你立刻去填订单，也许没有任何异议地去完成它是比较聪明的回应。试图用"肯定的反应"来进行交涉（"昨天你交办的事情，我还来不及做完……"）可能有一定道理，但也可能使你在工作上有所损失。

第二，情境。依据不同的冲突环境选择相应的处理方式。为了购买一部车而历经数小时的讨价还价之后，最好的方式可能是买卖双方妥协。可是在其他情况下，你可能会碰上原则性问题，而必须"坚持己见"来证明自己是对的。

第三，对象。双赢是个不错的方式，但是有时候对方不见得愿意合作。你可能遇到过一些充满火药味的人，完全无视人际关系的重要性，即使微不足道的小事都要争得面红耳赤。遇到这种人，合作性沟通成功的机会将非常低。

第四，你的目标。有时候你首要关心的是让愤怒或不安的人冷静下来。例如，面对生病的、脾气暴躁的邻居，一时忍耐很可能比据理力争或引发一场口角更好些。而在其他情况下，你的原则可能迫使你做出攻击性的回应，即使这么说也不会让你得到什么，如"我真的受够了你开的 ××× 的玩笑。我已经尽力跟你解释过为什么这些玩笑非常具有攻击性，但是很明显，你根本当作耳边风，我走了"。

学习笔记

≫ 学习任务五   人际关系中的自我评价 ≫

　　有人喜欢你，也有人不喜欢你。对个体自我的评价构成了自尊。如果对自己的技能和特质大多持有正面的评价，那么个体的自尊水平就会高。如果经常怀疑自己，那么自尊水平就比较低。因为高自尊的人一般比低自尊的人活得更健康、更幸福，所以大家都认为自我感觉良好有益身心。但人们是怎样喜欢上自己的呢？社会测量学具有启发性的主导理论认为，如果他人喜欢我们，我们就喜欢自己；如果他人积极地对待我们并看重与我们的关系，我们的自尊水平就高。这种关系在个体的成长早期尤其重要。

　　一系列研究发现，低自尊的人有时会低估对方对他们的爱，从而损害亲密关系，他们甚至还觉知到根本就不存在的对方的漠视。自我评价低的人很难相信对方真的深深地爱着自己，他们往往不相信爱能持续存在。这又使他们对对方偶尔的糟糕情绪反应过度；与高自尊的人相比，低自尊的人会感到更多的拒绝，经历更多的伤害，变得更容易发怒。这些痛苦情感使他们更难建设性地行动，以应对臆想中的危险。尤其是当人际关系中出现困境时，高自尊的人会选择各种方法去拉近和对方的距离，努力修复关系，而低自尊的人则会防卫性地把自己从人际关系中隔离出来，生闷气，乱搞一通，觉得自己更加糟糕。

　　研究者认为，这一切都是因为我们依赖他人时总要冒很大的风险。与对方的亲密关系让我们享受到支持和关心的丰厚回报，但如果低自尊的人发现对方不值得信赖，就很容易受到背叛和拒绝的伤害。高自尊的人因为对对方给自己的爱恋和关心充满信心，即使亲密关系出现困难也能和对方拉近距离。低自尊的人持续地怀疑对方对自己的关心和信赖，所以一旦情况变糟就从对方身边抽身离去，从而保护自己免受伤害。研究者指出，我们都需要在与他人的联系和自我保护间保持平衡，但低自尊的人总把他们脆弱的自尊心置于亲密关系之前。

　　结果是，低自尊的人的自我怀疑和敏感脆弱使他们从无数的琐事中制造出堆积如山的问题。当提及对方的缺点时，他们的反应过于强烈，表现出令人反感、自我打击式的伤害和愤怒，完全隔绝了自己渴望的对方的安慰。相比之下，高自尊的人对同样的问题完全不以为意，信心十足地期待对方对自己的接纳和正面评价。因此，低自尊既来自人际关系，又影响着随后的人际关系，我们的自我评价至少部分地取决于我们与他人交往的质量。这种自我评价影响着随后与新朋友的交往。新朋友又进一步证实我们在人际关系中的价值。总之，我们对自己的认识来自与他人的人际关系，又影响着人际关系的后续发展。

心理游戏 >>>

一、独家采访

步骤 1：2～3 人为一组，互相采访，限时 8 分钟，了解对方的兴趣、爱好、最高兴的一次体验、最幸福的一次体验等。

步骤 2：用一分钟简单介绍你的伙伴。

二、人际支持网络

步骤 1：请在下方的人际支持网络（图 4.1）中写下当你陷入困境的时候，所有可以支持你的人际资源。你可以在空的位置里写一个名字或者对他的称呼。

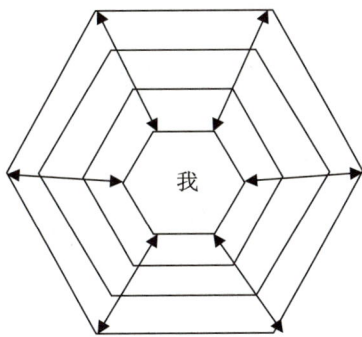

图 4.1　人际支持网络

步骤 2：现在请你看一看，排在第一位的是谁，哪些人离你的距离较近，出于什么原因你会让这些人靠近你，在遇到困难时你会通过什么方式向他们求助。如果你的这个人际支持网络里少于三个人，请你仔细探索一下，是发生过什么样的事情让你无法向人求助，还是以前当你求助的时候发生过不愉快的事情。

步骤 3：请在小组里分享你的人际支持网络。

1. 为什么你会选择这些人进入你的人际支持网络？

2. 你会如何应用这个人际支持网络？

3. 你已经多长时间没有与其中的人交心恳谈了？

4. 你将如何改变目前的人际支持网络？

三、"我说你画"

活动宗旨：让学生体验有效信息沟通的要素，即精确表达、用心倾听、理性分析、质疑澄清、积极探索等。

活动道具：两张简单的几何图形，每人一张白纸和黑笔。

活动程序：

1.先请一名学生自愿上台担任"传达者"，其余的学生都作为"倾听者"，台上的学生仔细观察几何图形两分钟左右，然后不看图形，对全体"倾听者"说明画图的要求。

2.台下的学生根据"传达者"的指令画出图形，在这个过程中"倾听者"不能提任何问题。

3.第一轮活动结束后，"倾听者"和"传达者"分享彼此的感受。

4.在第二轮活动之前再请一名学生上台，同样观察几何图形，然后对台下的同学传达画图的细节，不同的是可以让"倾听者"不断提问，看看这一轮的结果会发生什么变化。

5.第二轮活动结束后，请双方继续谈论彼此的感受，并比较两轮画图形活动的过程和结果的差异。

注意事项：

1.两张几何图形基本上是一致的，但位置关系稍有不同。

2."传达者"可以是同一个人，也可以是不一样的人。

3.可以邀请画得特别准确或者特别离谱的同学分享他们的感受，这样可以更有助于分析出造成不同结果的原因。

🔧 自我成长 ⋙

1.是什么吸引你愿意和一个人建立朋友关系？

使用以下的标准给下面的特质打分：

1= 这个特质我认为很重要；

2= 这个特质我认为有些重要；

3= 这个特质我认为不是很重要。

聪明	人格魅力	外表出众	认可自己
幽默	独立	关心别人	可以信赖
有趣	有相似价值观	安静	努力认真

.... 能帮助我做决定 .... 外向

其他特质：

现在请列出你认为最重要的三个特质

2. 你吸引别人的特质是什么？请把它们列出来。

3. 在人际关系中，你是如何处理冲突的？

4. 你觉得是什么妨碍了你建立更好的人际关系？

5. 在过去建立的一些人际关系中，你学到了什么？

6. 请闭上眼睛仔细搜索生活中那些对你很重要的人。睁开眼睛，写下他们的名字，接着从你的角度评价他们分别具有什么样的特质。在这些人之间有着什么共同的特质吗？

7. 请在你的重要朋友中挑出一个，仔细回想你和这个朋友的交往过程，尝试去发现哪些事件在你们友谊的建立和发展过程中发挥了重要作用。

8. 请回忆一下最近你和别人发生的一次争执，在这个过程中，你采取了什么样的态度？你这样做的原因是什么？

9. 请写下在你的成长过程中他人对你的看法会对你产生怎样的影响。

项目五
面对压力和挫折

故天将降大任于是人也，必先苦其心志，劳其筋骨，饿其体肤，空乏其身，行拂乱其所为，所以动心忍性，增益其所不能。

——孟子

项目导航 »»»

1. 了解压力和挫折的特点及影响因素。
2. 学习灵活运用减压技能和挫折应对技能。
3. 培养减压意识和耐挫能力。

自我评估 »»»

依据个人的真实情况，以下这些描述符合的记1分，不符合的记0分。

1. 我的生活充满压力。
2. 对我来说，全身放松是比较容易的事情。
3. 我不愿意去回忆过去的那些伤害，因为它一直在那里，不曾离开。
4. 我能认识到是我自己的想法给自己带来了压力。
5. 有时压力会让我生病。
6. 我相信如果我不能控制压力，那么压力将控制我。
7. 我能缓解我的压力。
8. 我真的担心我的精力会被耗尽。
9. 我觉得我真的需要学习更多管理压力的技巧。

成长故事 »»»

郑然从大一开始就准备专升本考试，每天都按时到图书馆去复习看书，不和同学交往，也没有其他的娱乐活动，慢慢地他发现，自己越来越不想看书了，每天早上醒来觉得自己好像没有睡过一样，以前喜欢吃的东西也不喜欢了……

项目探索 »»»

»» 学习任务一　什么是压力和挫折　»»

一、什么是压力

（一）压力的定义

压力一词来源于物理学，心理学最早称之为应激，"压力之父"汉斯·塞里（Hans Selye）最早将压力一词用于人类研究。人们每天都要应对挫折、冲突、压力。不仅如此，我们中的绝大多数人在生命中的某个时刻都会面临严重的、难以应对的压力情境，这些情境构成了生活的常态——变化。意外才是生活中的不速之客，如职场的失意、亲人的骤然离世、自然灾难、车祸等，甚至有些好的变化，如乔迁新居、升职加薪、换工作等，也都是有压力的，并且需要一定的时间来调整。此外，在井井有条的日常生活中我们要面对各种潜在的、充满压力的事情。可以说，世界上不存在没有任何压力的环境。压力的产生来源于变化，而变化本身就是生活的常态。

压力是我们生活的一部分，我们没有必要也没有办法逃离。我们愿意承担压力，是因为我们在不断接受挑战中获得成长，努力实现自己的潜能和价值；我们愿意承担压力，是因为总有我们爱的和爱我们的人，让我们为之奋斗；我们愿意承担压力，是因为压力的背后正是生活的意义。与其恐惧压力，不如拥抱压力。

心理成长沙龙

压力反应

你在听到压力这个词的时候，有什么样的情绪：

你的头脑里出现了什么样的场景：

压力的概念非常复杂，很难有一个明确的定义可以包罗一切。一般认为，压力有三层含义：第一，压力是导致个体产生紧张反应的刺激；第二，个体会对刺激有紧张的反应；第三，这是一种环境和个体之间因失衡而产生的一种身心紧张状态。心理学家拉扎勒斯（Lazarus）认为压力是当环境超过个人能力及可用资源后产生的，并可能危及个体心理平衡和生活和谐的身心紧张状态。压力是你在乎的事物发生危险时引起的反应。它可以包括很多东西，如产生压力时的想法、情绪、生理反应，以及你应对压力情境的选择。压力和意义是无法分割的。对个体没有意义的事物，是不会产生压力的，因此不经历压力，你也无法开创有意义的生活。

简单通俗地讲，压力是一种不胜任感的表现，压力始于我们对某个情境的判断：第一，这个情境的危险和困难程度如何？第二，我们有什么办法使自己能够应对这个情境？

心理成长沙龙

压力知多少

你对压力到底知道多少？请做一组有关压力的是非题：在以下 10 个题的题号上打"√"或者打"×"，认为这个观点是对的打"√"，认为这个观点是错误的打"×"。

1. 人在有压力的状态下是会神经紧张的。
2. 只要你遭受到压力你一定会知道的。
3. 长期的运动会降低个体的抗压能力。
4. 有压力总是不好的。
5. 压力会使身体产生各种问题，但不会让你产生致死的危险。
6. 打针吃药就可以控制压力。
7. 当你不想学习的时候，你会把学习压力留在教室，而不是带在自己身上。
8. 压力只是心事，与身体无关。
9. 压力是可以完全消除的。
10. 要想降低压力，只有改变生活方式，没有其他的方法。

题做完了，数一数你画圈的题数。正确的答案是上述题目全部是错的。

（二）压力源

压力源是导致压力的各种刺激、事件，或者周围的客观环境、个体的内心环境及人际社会环境。压力源主要分为以下四类。

1. 躯体性压力源

躯体性压力源是对个体躯体直接作用而造成心身紧张状态的刺激物，如过高或过低的温度、环境污染、变质食物、疾病等。这类压力源主要是和个体的生理

学习笔记

学习笔记

反应有关系。

2. 心理性压力源

心理性压力源主要存在于观察者的头脑中，在生活中，我们怎样定义、解释、认识事件，以及对事件做出反应，与我们认为这些事件是否使自己产生压力有关。因此，我们对压力的评价是非常主观的，如不切实际的期望、与责任有关的紧张等。

3. 社会性压力源

社会性压力源是个体生活环境或者人际关系上发生的变化，需要个体做出相应调整的情境和事件。比如，在食堂就餐高峰期，你要排长长的队伍等待；你想选的选修课抢不到；业余时间你需要去兼职打工养活自己；等等。

4. 文化性压力源

文化性压力源主要是指个体从一个地方来到另一地方后不得不面临的全新的社会环境、陌生的生活方式、不同的社会风俗等，个体不得不调整自己原有的生活方式和语言习惯，以顺应新的社会文化需求。

（三）压力症状

当个体体验到很高的压力时，会从生理、心理和行为三个方面表现出症状。

1. 生理症状

头痛的频率和程度不断增加；身体肌肉紧张，皮肤干燥、有斑点和刺痛感；消化系统出现问题，如胃痛、消化不良或胃溃疡；心悸和胸部疼痛；睡眠不好等。

2. 心理症状

当压力特别大的时候，人总会有这样一种感受：今天是不是忘记了什么事情，容易烦躁，感到非常疲惫，不想干任何事情，注意力很难集中，记忆力减退，认为自己干什么事情都不行，等等。

3. 行为症状

睡眠质量差；为了逃避压力而过度饮食导致肥胖，或者没胃口，体重迅速下降，与朋友、家庭、同学疏远，经常感觉烦躁和坐立不安，甚至冒险行为增多，自杀或者企图自杀。

（四）压力的调节因素

基于压力的定义，我们可以看到在压力源和压力反应中间有个调节因素，生活在同样的情境下、接受同样的刺激，个体的反应却不同。

1. 认知评价

1998 年，3 万名美国成年人被邀请回答过去一年他们承受压力的状况，同时他们还回答一个问题：你们认为压力有碍健康吗？

8 年后，研究人员彻查了公开的记录，找出 3 名受访者中哪些人去世了，结果是高压力提高了 43% 的死亡风险，但要注意的是，那些提高的死亡风险只适用于那些认为压力对健康有害的受访者。那些报告自己承受了高压力，但不认为压力有碍健康的受访者，并不容易死亡。实际上，他们是调查中死亡风险最低的，甚至低于那些报告自己只承受着很少压力的人。

研究人员得出结论，导致死亡的并不是压力，而是压力加上认为压力有害的信念。

相信压力有促进作用的人，比那些认为压力有害的人，更少感到抑郁，对生活更满意。他们对自己应对挑战的能力更有自信，更善于在困难情境中发现意义。他们认为压力可以促进自己激发更多的活力、更高的效率。他们认为压力是生活的挑战，而不是摧毁个体的缘由。因此，个体的想法和内心对压力的信念会对个体的压力体验产生重要影响。

2. 社会支持系统

社会支持系统是个体周围各种各样的人际关系对他的影响。各种研究表明，具有良好社会支持系统的个体能够更好地保持自己的身心健康水平。同样，重要的社会支持系统的丧失会让个体面临更为严重的身心压力。

心理成长沙龙

我的社会支持系统

尽可能多地写出你在遇到困难时可以求助的人的名字：

二、什么是挫折

（一）挫折的定义

产生挫折的前提是：首先，个体想要实现某种目标；其次，在实现目标的过程中遇到了无法克服的障碍或者干扰；最后，在这个无法实现目标的过程中产生了沮丧、愤怒、抑郁、失望等消极情绪。

要想从挫折中走出来，就要重新审视挫折。

第一，挫折只是个体前进途中的暂时的驿站。在个体实现人生意义的过程中，总会遇到各种阻碍，在突破阻碍的过程中，个体实现了心理能力的提升与成熟，这样才能在不断征服自然和改造社会的实践中完善自身。作为现实的人，放弃是偶然，前进是主题。

第二，在挫折中，失望与希望并存。在经历挫折的过程中，如果个体无法面对，就很容易陷入挫折带来的失望中，甚至有时候是绝望情绪，很多人都会被这些情绪所控制，停止了前进的脚步。但是我们如果能够战胜挫折，就能从这个过程中汲取成长所需的营养，成为一个更成熟的自己。

第三，挫折是生活中的必然存在，关键在于我们如何看待它。我们将挫折视为生活的一部分，以平常心对待它，就能从挫折中收获成长的礼物。但是如果自己认为生活中不应该有各种不平衡和挫折，认为生活就是应该像平静的海面一样温和，那么人的内心就会像海面下的暗流一样波涛汹涌。

（二）挫折反应特点

不同人对同一类挫折有着不同的反应：有的人会用积极的方式应对，有的人会做出偏激的行为，有的人情绪激烈，有的人情绪平稳。总的来说，挫折反应主要表现为以下三方面。

1. 情绪性反应

情绪性反应是指个体伴随挫折产生的强烈的焦虑、生气、抑郁等情绪性反应。这种反应可能是个体的内心体验，表现为特定的表情或者行为反应。绝大部分的情绪性反应都是消极的，如焦虑、冷漠、退化、幻想、逃避、固执、攻击等。

焦虑是当人们面临心理冲突、情境压力、挫折境遇，预感到可能有不好的事情或者不好的后果将要发生，或者感到付出了努力但又没有把握的时候，产生的一种模糊的、紧张不安的负性情绪，常常伴随忧虑、焦虑、害怕等感受，严重的时候甚至可能伴有恶心、手抖、失眠、心悸、冷汗等身体反应。

冷漠是指个体在遇到挫折时，表现出来的一种表面毫无情绪、无动于衷和漠不关心的态度。这是一种复杂和隐形的挫折反应。当事人对挫折有着更加痛苦的内心体验，只是以一种压抑和间接的形式表现出来。一般来说，个体会出现冷漠的反应，这可能是由于长期遭受挫折而认为没有什么希望摆脱或消除困境的时候产生的。

退化是指个体在挫折后表现出和自己的生理年龄与身份不相对等的幼稚行为。通常，不同年龄阶段的人，各有其不同的情绪反应和行为模式。随着年龄的增长，在社会生活的影响下，人在情绪和行为方面会日益发展与成熟，逐渐学习控制自己，懂得依据不同的场合和情境，选择与自己年龄相符的情绪反应和行为举动。但当个体遇到挫折后，有些人会在一定程度上对自己失去一部分的控制，退化到孩子的状态，并用一种幼稚的应对方式回避对自己和他人的失望情绪，以获得他人的同情和关心。在这种情况下，当事人自己常常不能清醒地意识到。

幻想是指个体在遇到挫折时采用了以自己想象的虚幻情境的方式来应对。通过幻想，个体可以暂时脱离现实，在自己幻想的情境中满足自己内心的需要和欲望，从而产生一种愉快的情绪。这在某种程度上可以缓冲因受挫折而产生的负性情绪。但是如果长期用这样的方式应对现实情境中的挫折，就更容易会沉溺在幻想情境中，脱离和现实世界的连接，从而降低个体对现实生活的适应能力，丧失一部分的社会功能，严重时可能会导致精神疾病的产生。

逃避是指个体采用消极态度躲开现实挫折的反应方式。虽然逃避可以使人脱离挫折情境，缓解紧张情绪，避免再次受到挫折。但很多现实问题并不能回避，若没有解决会不断累积，这会让个体产生害怕、紧张等情绪，长期下去，会让个体更加丧失现实世界的适应能力和问题解决能力。

固执是指个体在反复经历挫折但又无法克服的情况下采用刻板的反复，进行某种单调、机械的无效动作的应对方式。尽管这些动作对原先计划的完成是没有任何帮助的，但是个体只能用这样的方式缓解内心的无能为力和不知所措的情绪。所以，这种固执的应对方式并不是不可改变的，当个体发现有了更为恰当的反应方式，就会替代原有的应对方式。

攻击是个体将受挫时产生的愤怒情绪发泄到其他的人或物体的行为。攻击行为的目标可能是替代的人或物体，甚至是当事人本身。

2. 理智性反应

通常，人们在遭受挫折后都会有情绪，只是有些人能够处理好情绪，用一个相对理智的方式应对挫折，而有些人是被这些情绪控制，采用了情绪性反应。理智性反应是个体采用了理智的方式控制情绪和应对挫折。其具体表现可以分为以下两方面。

①坚持目标，努力争取。个体在遭受挫折后，经过客观分析发现自己追求的目标是现实的和正确的，目前的挫折是暂时的，因此个体只需要认真分析现有的挫折困境，采用相应的应对策略，努力朝着原有的目标奋进，最终就会实现既定的目标和愿望。

②调整目标，循序渐进，不断努力。由于自身条件或社会因素的限制，人们的需要与目标并不是都能满足和实现的，或者在目前的条件下是不可能满足和实现的。在这种情况，个体需要冷静下来分析原有目标的适合性，根据实际情况进行适当的调整。

3. 个性的变化

一般情况下，挫折对个体的情绪影响都是暂时的，但如果挫折情境存在一段

学习笔记

较长的时间，或个体遭受了特别大的或者连续的挫折，那么个体的紧张状态和反应会反复出现，慢慢这些应对措施和情绪累积就会固定下来，成为个体相对稳定的习惯和个性特点。比如，有的大学生在刚入学的时候很希望能够参加一些学生组织，刚开始都积极准备，可是如果他遭遇到一次挫折后又反复遇到同样的挫折，慢慢地，就不想再去尝试了，也不像以往那样开朗。可是如果说，这个学生能够对这些挫折进行总结，发现自己身上不足的地方，那么这些挫折就成了他成长过程中的养分，而不是障碍了。

》》 学习任务二　压力、挫折与健康 》》

人们总认为压力会有害于身体，在每天为生活奔波的过程中，我们的身体经历着"战斗或逃跑"的反应，不断保持警觉状态。准备采取攻击性行为来战胜我们面对的那些"敌人"。如果我们处于太多的压力中，在"战斗或逃跑"的反应中就会出现生物化学的变化，可能会导致焦虑和抑郁的情绪。

心理学家霍曼（Holmes）声称，压力与近80%的身体疾病有关，其中包括心血管疾病、癌症、内分泌失调和新陈代谢疾病、皮疹、胃溃疡、偏头痛和紧张性头痛、脱发等。确实，压力会引起这些身心疾病。

由此，健康心理学家凯莉·麦格尼戈尔（Keiiy McGonigal）认为压力会导致疾病。因为所有的痛苦，都伴随着压力。真正有害的并不是压力本身，而是"压力有害"的观点。

一、积极的压力

虽然心理学家对压力的利弊有多种不同的研究结论，但有一个观点是共通的，适当的压力有利于提高个体的学习和生活效率，而过度的压力有害健康。但是，如果我们客观的压力水平长期处于阈值之下，活得很悠闲，那么时间长了之后会出现问题，即积极动机不足、自我价值感来源不足、注意力空置。

（一）积极动机不足

长期摆脱压力、摆脱社会生活、摆脱一切角色的话，就会动机不足，慢慢地可能对生活失去了积极的探索和努力，如果这样的状态持续太久，大学生可能会对生活的意义和生命的价值产生一些怀疑。

（二）自我价值感来源不足

自我价值感是指个体自我价值得到外界承认和自我确立后的自我肯定体验。例如，作为孩子，你的父母需要你；作为学生，教师需要你；等等。在你被别人需要的时候，你会觉得自己挺有价值，活得很滋润，活得很有意思。但是如果你没压力，没人需要你，那么你将怎么办？

（三）注意力空置

什么叫注意力空置？大家把自己的大脑想象成一个水杯，这个水杯中装满了水，这些水代表着我们在生活中各种各样的动机、各种各样的事情。比如，今天要赶紧写完一篇文章，下午要开会，晚上要上课，等等，这时我们的大脑是被各种各样的自我价值感、各种各样的积极动机填满的。

2013 年，心理学家对正在参加斯坦福大学领导力发展项目的首席执行官、副总裁和总经理做了个测试，51% 的人说自己在压力状况下表现最出色。67% 的人说自己承受着高压力，认为压力给了他们自己至少一方面的益处。

> **心理成长学堂**
>
> #### 鲇鱼效应
>
> 挪威人捕沙丁鱼，抵港时如果鱼仍然活着，卖价就会高出许多，所以渔民们千方百计地想让鱼活着返港。许多渔民经过种种努力都失败了，只有一艘船却总能带着活沙丁鱼回到港内。秘诀就是，渔夫为了保证沙丁鱼的鲜活，就放了一些鲇鱼进去，鲇鱼是沙丁鱼的天敌，当鱼槽里同时放有沙丁鱼和鲇鱼时，在鲇鱼的追逐下，沙丁鱼就会拼命游动，激发了其内部的活力，从而延长了它们的存活时间。

压力的积极效应包括：①动力作用；②精力充沛的感觉；③挑战感和兴奋感。

在日常学习中，教师经常鼓励学生说，我们这个学习目标必须达成，下次争取更进步，所以适当运用预期压力会增加我们的兴奋感或者挑战感。

二、消极的压力

压力可以很可爱，但也的确挺讨厌，在持续的压力状况下如果压力水平特别高，就会破坏我们的心理环境。

学习笔记

学习笔记

（一）压力接踵而至

上一种压力感受还没过去，还在恐惧、愤懑、焦躁情绪中，下一种压力已经接踵而至了。当压力累加到一定程度时候，有的人会因承受不住而导致精神失常，出现偶发性的歇斯底里。

（二）压力相互掺杂，细碎而持续

生活中会有无数烦杂琐事，我们每天都身处在各种压力过程中，任何一种压力在处理不好的情况下，都可能会导致让我们情绪崩溃。

比如，学生小赵早上刚醒来，一看表，快八点了，上课要迟到了，寝室里也没人了，一下子从床上蹿起来，这时焦虑来了，急急忙忙去教室，要进教学楼时发现一卡通又没带，没有一卡通不能进教学楼。小赵只能回去找宿管阿姨，宿管阿姨又恰好没在，也没遇到在这个时候进出门的同学，这时事件压力产生了，终于宿管阿姨来了，说了小赵两句，他心情更不好了，人际压力产生了，由于时间紧迫，小赵立马跑出了宿舍楼。当他终于爬上五楼，来到教室门外时，老师便责备道："小赵，这学期你已经迟到三次了，再迟到就要记过了。"小赵心里感到非常委屈。

（三）偏执型的压力感受

偏执型的压力发生率最低，但是最厉害的一种方式。它来源于我们内心深处的某些偏执动机。偏执动机包括"没有你我就不能活""如果一上台便紧张就说明自己很没用"等。在《红楼梦》中，大观园是一个极端复杂的人际环境。在大观园里，林黛玉是寄人篱下的，每天感受到巨大的人际压力。她在遇到宝玉后感觉情感可以寄托了，却最终知道了和宝玉订婚的不是自己，偏执型的压力产生了，林黛玉当时的表现是气血攻心，日夜以泪洗面，之后便撒手人寰了。

个体承受压力的限度是存在一定的差异的。适度的压力可以增加个体的活力，而过度的压力只会摧毁人的生活。压力适度理论提出压力过大与压力过低都不能给生活带来幸福感。研究表明，压力与工作绩效的关系曲线呈倒 U 形，只有适度的压力水平，工作绩效才能达到最高。如图 5.1 所示，在低压力条件下，个体处于低唤醒状态，工作动机不足，不能发挥他们最好的水平；而在高压力条件下，个体唤醒水平过高，负面的情绪占用了过多的认知资源，处于疲于应付状态，也不利于工作效率的提升。

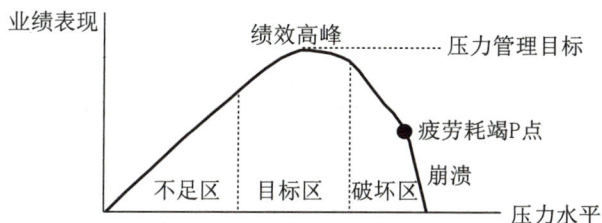

图 5.1　压力与工作绩效关系

心理成长沙龙

压力测试

请同学们用大约 10 分钟的时间填写这个压力测试表，请凭第一感觉填写，不要过度思考。

阅读下表中的每一个项目，根据每个项目在你身上的发生频率选择相应的分数（见表 5.1）。

表 5.1　压力测试

项目	总是	经常	有时	很少	没有
1. 我受背痛之苦	4	3	2	1	0
2. 我睡眠不足，且睡不安稳	4	3	2	1	0
3. 我感觉头痛	4	3	2	1	0
4. 我的腭部疼痛	4	3	2	1	0
5. 若需等候，我会不安	4	3	2	1	0
6. 我的后颈感到疼痛	4	3	2	1	0
7. 我比多数人更容易神经紧张	4	3	2	1	0
8. 我很难入睡	4	3	2	1	0
9. 我的头感到紧或痛	4	3	2	1	0
10. 我有胃炎	4	3	2	1	0
11. 我对自己没有信心	4	3	2	1	0
12. 我对自己说话	4	3	2	1	0
13. 我忧虑财务问题	4	3	2	1	0
14. 与人见面时，我会窘怯	4	3	2	1	0
15. 我害怕发生可怕的事情	4	3	2	1	0
16. 白天我觉得累	4	3	2	1	0
17. 我经常会没有理由地感到喉咙痛	4	3	2	1	0
18. 我心情不安，无法静坐	4	3	2	1	0

续表

项目	总是	经常	有时	很少	没有
19. 我感到口干	4	3	2	1	0
20. 我有心脏病	4	3	2	1	0
21. 我觉得自己不是很有用	4	3	2	1	0
22. 我吸烟	4	3	2	1	0
23. 我肚子不舒服	4	3	2	1	0
24. 我觉得不快乐	4	3	2	1	0
25. 我流汗	4	3	2	1	0
26. 我喝酒	4	3	2	1	0
27. 我很自觉	4	3	2	1	0
28. 我觉得自己像是四分五裂了似的	4	3	2	1	0
29. 我的眼睛又酸又累	4	3	2	1	0
30. 我的腿或脚抽筋	4	3	2	1	0
31. 我的心跳过速	4	3	2	1	0
32. 我怕结识人	4	3	2	1	0
33. 我手脚冰冷	4	3	2	1	0
34. 我患便秘	4	3	2	1	0
35. 我未经医生指示便使用各种药物	4	3	2	1	0
36. 我发现自己很容易哭	4	3	2	1	0
37. 我消化不良	4	3	2	1	0
38. 我咬手指甲	4	3	2	1	0
39. 我耳中有嗡嗡声	4	3	2	1	0
40. 我小便频繁	4	3	2	1	0
41. 我有胃溃疡	4	3	2	1	0
42. 我有皮肤方面的病	4	3	2	1	0
43. 我的咽喉很紧	4	3	2	1	0
44. 我有十二指肠溃疡	4	3	2	1	0
45. 我担心我的工作	4	3	2	1	0
46. 我有口腔溃疡	4	3	2	1	0
47. 我为琐事忧虑	4	3	2	1	0
48. 我呼吸浅促	4	3	2	1	0
49. 我觉得胸部紧迫	4	3	2	1	0

续表

项目	总是	经常	有时	很少	没有
50. 我发现我很难做决定	4	3	2	1	0
总分					

最后，请同学们把每一题的分数进行相加，并找到自己的相应位置和解释。

分数在 43～65 的学生，你的总体生活压力适中，不必寻求改变。

分数低于 43 或者高于 65 的学生，你可能需要进行适当的调整，分数过低的学生需要更多的压力刺激，分数过高的学生需要适当减轻压力。

≫ 学习任务三　压力和挫折的应对方式 ≫

问题本身不是问题，怎么面对问题才是问题。

心理学家拉扎勒斯将应对分为两种：第一种，以问题为中心的应对；第二种，以情绪为中心的应对。国内的学者将应对方式区分为消极应对和积极应对：消极应对是指个体无法摆脱挫折，一直处于消极的情绪和体验中；积极应对是指个体能够从挫折中提升自己的能力和找到情绪应对策略，积极面对人生之路。

心理成长沙龙

你的压力应对方式

一般情况下，当你面对压力时，你是如何应对的？至少写三种方法。

为了有效地应对压力，我们可以尝试去面对造成压力的原因。尽管我们有许多方法去处理压力，但可能并不持久。关键是要理解我们对压力做出反应的根本依据，尤其是我们想要以一种彻底的方式来处理压力。压力管理的深层次水平就必须包括内省和自我发现，如果我们不找出造成压力的情感和精神上的原因就使用某些应对技巧，可能就会发现压力还是会重新回来。有了对压力来源的深层次理解，我们就能改变这些来源，同时采用一些有效的应对策略。除此之外，我们还可以通过改变自己内部批评的语言、用幽默来享受压力、将压力转化为动力等方式来积极面对和消化压力。

清华大学樊富珉教授改编的 A-Z 减压 26 式（见表 5.2）。

表 5.2　A-Z 减压 26 式

A	appreciation	接纳自己接纳人，避免挑剔免伤神
B	balance	学习娱乐巧安排，平衡生活最适宜
C	cry	伤心之际放声哭，释放抑郁舒愁怀
D	detour	碰壁时候要变通，无须撞到南墙头
E	entertainment	看看电影听听歌，松弛神经选择多
F	fear not	正直无惧莫退缩，哪怕背后小人戳
G	give	自我中心限制大，关心他人展胸怀
H	humor	戴副"墨"镜瞧一瞧，苦中寻乐自有福
I	imperfect	世上谁人能完全，尽力而为心坦然
J	jogging	跑跑步来爬爬山，真是赛过食仙丹
K	knowledge	知多一些头脑清，无谓担心全减少
L	laugh	每天都会笑哈哈，压力面前不会垮
M	management	不怕多却只怕乱，时间管理很重要
N	no	适当时候要讲"不"，不是样样你都行
O	optimistic	凡事要向好处看，无须吓得一头汗
P	priority	先后轻重细掂量，取舍方向不难求
Q	quiet	心乱如麻自然慌，心静如水自然安
R	reward	日忙夜忙身心倦，爱惜自己要牢记
S	slow down	坐下停下喘口气，不必做到脑麻痹
T	talk	找人聊聊有人听，被人理解好开心
U	unique	人比人会气死人，自我突破最要紧
V	vacation	放放假或充充电，精力充沛展笑脸
W	wear	穿着打扮用点心，精神焕发心情好
X	X-ray	探寻压力找源头，对症下药有计谋
Y	Yes，I can	相信自己有潜能，勇往直前步青云
Z	zero	从零开始向前看，每日都是新起点

心理成长学堂

压力管理小贴士："十出压力法"

1. 说出压力：寻找好友或者专业人士来疏解内心的烦恼和抑郁情绪。

2. 写出压力：写日记、小说或者诗歌，选择用文字来表达自己因压力而产生的紧张情绪。

3. 动出压力：通过跑步、打羽毛球等运动来发泄内心的压力和情绪。

4. 唱出压力：选择对个体有意义或者有感觉的歌曲来纾解内心的压力和情绪。

5. 笑出压力：通过笑话、玩笑等各种幽默来缓解内心的烦恼情绪。

> 6. 泡出压力：泡一个暖暖的热水澡，放松身体，以此来排解烦恼，调整心态。
>
> 7. 养出压力：养一些自己喜欢的小动物或者花草来感受温暖和陪伴。
>
> 8. 帮出压力：从事某项志愿者活动或者公益活动，来调整内心的郁闷情绪。
>
> 9. 坐出压力：选择静思等活动来和负面情绪对话，排解压力。
>
> 10. 游出压力：去一些自己喜欢的地方旅游来感受生活的另一方面。

心理游戏 >>>

一、感受变化

对于变化，人们的感受都不一样，有些人喜欢变化，甚至享受变化，愿意创造变化；而有些人却害怕变化，拒绝变化，你属于哪一种呢？我们可以尝试用下面的例子来测试一下。

1. 请同学们自然地将双臂放在胸前，看一看自己的哪只手臂在上面。

2. 请放下手臂，然后重新交叉，但请改为刚刚在上面的手臂放在下面，刚刚在下面的手臂放在上面。

3. 请十指交叉，然后观察一下自己哪只手的拇指在上面。

4. 请松开手，再一次十指交叉，换一只手的拇指在上面。

小组讨论：你觉得改变自己的习惯容易吗？当要求你改变时你的感受如何？

二、应对方式问卷

请依据你自己的情况，在表 5.3 中的每个问题后选择符合你的答案。

表 5.3　应对方式问卷

问题	是	否
1. 能理智地应对困境		
2. 善于从失败中吸取经验		
3. 制订一些克服困难的计划，并按计划去做		
4. 常希望自己已经解决了面临的困难		
5. 对自己取得成功的能力充满信心		
6. 认为"人生经历就是磨难"		

续表

问题	是	否
7. 常感叹生活的艰难		
8. 专心于工作或者学习以忘却不快		
9. 常认为"生死由命，富贵在天"		
10. 更喜欢通过向他人倾诉来减轻烦恼		
11. 请求别人帮助自己克服困难		
12. 常常只按照自己想的做，而不考虑后果		
13. 不愿意过多思考会影响自己情绪的问题		
14. 喜欢参加各种社会生活，寻求新寄托		
15. 常自暴自弃		
16. 常常装作无所谓来掩饰自己真实的感受		
17. 经常想的是"如果不是真实的就好了"		
18. 认为自己的失败多数是外因所致		
19. 对待困难经常是消极等待的态度		
20. 与人冲突，常是对方性格怪异引起的		
21. 经常向引起问题的人和事情发脾气		
22. 常常幻想自己有过人的本领，能克服所有的困难		
23. 常自我责备		
24. 常用睡觉的方式来逃避痛苦		
25. 常借着各种娱乐活动来纾解情绪		
26. 常借由高兴的事情来安慰自己		
27. 经常通过回避困难的方式来让自己的内心平静		
28. 为不能回避困难而烦恼		
29. 经常会有不止一种办法来解决困难		
30. 经常感到不需要那么费力去争取成功		
31. 经常努力去改变现状，希望能变好		
32. 经常借烟酒消愁		
33. 常责怪他人		
34. 经常回避困难		
35. 认为"退一步海阔天空"		
36. 把不愉快的事情埋在心里		
37. 常自卑自怜		

问题	是	否
38. 常认为对生活对自己不公平		
39. 常压抑内心的愤怒和不满		
40. 吸取自己和他人的经验去应对困难		
41. 常不相信那些对自己不利的事情		
42. 为了自尊，常不愿意让人知道自己的遭遇		
43. 经常会和其他人一起讨论解决问题的方法		
44. 常告诉自己要经常忍耐		
45. 常常祈祷		
46. 经常用开心和幽默的方式来缓解冲突与不快		
47. 自己能力有限，只能忍耐		
48. 常怪自己没出息		
49. 经常通过幻想的事情来排解烦恼		
50. 常抱怨自己无能		
51. 常能看到坏的事情好的方面		
52. 自感挫折是对自己的考验		
53. 经常向有经验的人寻求解决问题的办法		
54. 平心静气、淡化烦恼		
55. 努力寻求解决问题的办法		
56. 认为是自己没有选好职业，所以才会经常遇到挫折		
57. 总怪自己不好		
58. 常常觉得是自己运气不好，才会有这样的不幸遭遇		
59. 常自感运气不好		
60. 向他人诉说心中的烦恼		
61. 常因自感无所作为而任其自然		
62. 寻求别人的理解和同情		

评分标准：

本量表共分为六个方面，请按照下面的步骤来进行评分。

1.请注意，在表 5.4 中，每个问题编号前没有"-"号的选择答案为"是"，得

1分；有"-"号的问题的选择答案为"否"，得1分。

学习笔记

表5.4　分量表问题构成的计算方法

分量表	分量表构成的编号
①解决问题	1，2，3，5，8，-19，29，31，40，46，51，55
②自责	15，23，-25，37，39，48，50，56，57，59
③求助	10，11，14，-36，-39，-42，43，53，60，62
④幻想	4，12，17，21，22，26，41，45，49
⑤退避	7，13，16，19，24，27，28，32，34，35，44，47
⑥合理化	6，9，18，20，30，33，38，52，54，58，61

2. 按照以下公式计量各个分量表的因子分：

各个分量表因子分 = 分量表单项问题分之和 / 分量问题数

3. 对六个方面的因子分进行排序，因子分最高的代表个体最常用的应对倾向。

✎ 学习笔记

⚙ 自我成长 ▷▷▷

1. 请回顾你自己的成长历史，你觉得让你感到压力比较大的事件主要来自哪里。

2. 请分析你觉得压力比较大的事情，并记录下当时你应对压力的方式有哪些。其中哪些是相对比较正确的，哪些不是那么正确的？

3. 请展望一下你未来几年的大学生活，你觉得最有可能产生压力的事情会是什么。

4. 最后请你从现在的角度和心态看待之前遇到的那些压力或挫折，你从这些压力和挫折中学习到了什么？

项目六
认识爱情

只愿君心似我心，定不负相思意。

——李之仪

项目导航 >>>

1. 了解爱情的主要心理学理论。
2. 掌握恋爱困扰调节的方法。
3. 形成自尊自信自爱的意识。

自我评估 >>>

依据个人的真实情况，以下这些描述符合的记1分，不符合的记0分。

1. 在恋爱关系中，我会害怕自己失去对方的爱。
2. 当我失恋后，我更难重新付出信任和爱了。
3. 我会用对方能够接受的方式来表达自己的爱情。
4. 在恋爱中，我并不要求对方一直陪着我，一直把所有的注意力放在我身上。
5. 在恋爱中，我会用各种各样的方式去讨好对方，吸引对方的注意。
6. 只要我处在恋爱中，我就认为这段爱情一定会天长地久。
7. 当和对方发生争执时，我会用比较理性的方式来处理彼此之间的差异。
8. 即使在热恋中，我也知道爱情并不一定是欢乐的，里面还有泪水和伤害。
9. 在爱情中，我爱我们相似的地方，同时也接受彼此不同的地方。
10. 我的父母为我示范了良好的爱情模板。

学习笔记

成长故事 »»»

　　徐涛在高中的时候从来都没有谈过恋爱，吴珊是他的第一个女朋友。他们是在大学新生军训时的军旅歌曲比赛里熟悉起来的，后来因为两个人都是班干部要一起组织活动，才慢慢有了感觉。在徐涛的眼里，吴珊是一个特别的女孩，她长得不算漂亮，但是有着一双神采奕奕的眼睛，尤其是在她笑的时候，他觉得似乎有光从她的眼睛中散发出来。和她在一起，时间总是过得特别快，他们也有着说不完的话。徐涛不知道以后会怎么样，但是很想通过自己的努力，让这个女孩知道自己是认真的，能够信任他，愿意和他长长久久地走下去。

项目探索 »»»

»» 学习任务一　什么是爱情 »»

　　《爱情心理学》的作者鲁宾（Rubin）明确指出现在的爱情科学还并不成熟。他说，不成熟的一个标志是，研究者几乎没有关于爱的通用词汇。首先是因为每个人体验的爱情是不同的，其次是因为每个人对爱的理解不同。即使是相似的爱情，每个人的解读也会不同。因此，重要的是你能审视自己对爱情的定义以及你对待爱情的方式。

心理成长沙龙

爱情的定义

请写下你对爱情的定义：

....

....

学习笔记

　　美好的爱情让彼此感到亲近、享受，并有所成长。它会具备以下特征。

　　爱意味着我去了解所爱的人，并会认识和包容这个人的许多方面。如果我爱你，我不仅爱你的好，更愿意面对你的不好。每个人不仅有美丽和帅气的一面，而且还会有缺点和瑕疵。爱需要双方在激情逝去之后，面对和接受对方真实的一面。当关系好的时候，我愿意牵起对方的手；当关系不好的时候，我也愿意陪在对方的身边，一起看看发生了什么。

爱意味着我信任我所爱的人。如果我爱你，我会相信你将接受我的关心和爱，不会故意伤害我，我会相信你觉得我是有魅力的，并愿意和我在一起。我会愿意相信，即使是在我们发生矛盾和冲突的时候都不会去真正伤害对方，我们可以一起等待情绪过后，冷静地看看可以做什么，一起去更好地维系我们彼此的关系。

爱意味着我们是一起成长的。如果我爱你，我愿意在年轻的时候牵起你的手，然后一起承担家庭的责任，在老年的时候分享彼此老去的感觉。爱的魅力犹如一杯珍贵的美酒，不仅当下是醇香无比的，而且随着岁月的流逝，它更会沉淀下来，散发出时间的味道。

››› 学习任务二　爱情的发展模式 ›››

俊杰和美华每周都去健身房健身，他们两个人在那里经过几次邂逅之后，开始交谈起来。他们发现彼此之间有许多共同点，并且开始期待半计划半偶然的会面。几个月之后，他们开始正式约会，结果发现两个人真的非常适合。

如果这种模式是可以预知的，那么大多数亲密关系的发展都比较相似，并且有几乎一致的规律。

· 两个人之间的交往日趋频繁，且持续时间更长，此外，交往的地点不断增加。

· 双方逐渐寻求对方的陪伴。

· 他们之间越来越坦诚，相互表露自己的隐私，开始表现出身体方面的亲密行为。

· 他们越来越希望分享对方的积极感受和消极感受，也可能会在彼此赞美之余提出一些批评。

· 他们开始对双方关系的目标达成共识。

· 他们对一些境遇的反应变得越来越相似。

· 他们开始感觉到自己心理上的幸福与这段关系的存在紧密相连，并把这段关系看成唯一的、不可替代的、弥足珍贵的。

· 最后，他们关于自己和自身行为的定义发生改变：他们把对方看作情侣，并在行为上也表现为一对情侣，而不再是两个的独立个体。

››› 学习任务三　从心理学的角度看爱情 ›››

一、爱情的三因素理论

斯滕伯格（Stanberg）从学术的角度提出了爱情成分理论，认为人类的爱情基本上由三种成分组成（图6.1）。

激情：主要是指能引起激情体验的动机以及其他形式的唤醒，能够引发浪漫之爱、身体吸引、性完美等驱力。

亲密：主要是指在关系中亲近、归属的体验，具体指对爱人的高度关注，愿意在对方面前分享自己、亲密交流、寻求支持，同时也为对方提供情感支持和肯定对方的价值。

承诺/决定：主要是指在关系维持的阶段里对彼此维持爱情的承诺。有些时候虽然双方在亲密关系里，但并不认为自己是爱对方的。或者在有些情况下即使是不在亲密关系里但认为双方是相爱的。

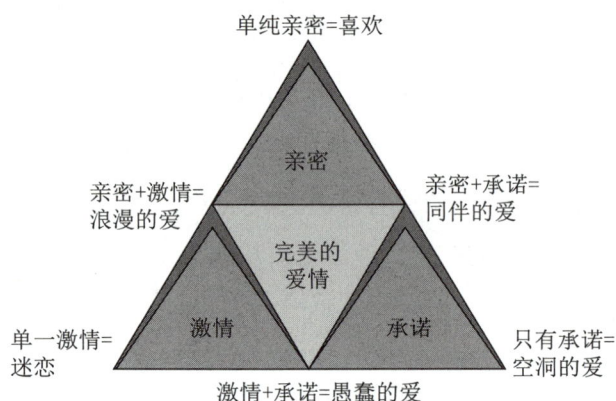

图6.1　爱情的三因素

爱情的三因素理论认为，男女之间的爱情模式因人而异，不同情侣之间的亲密程度不同，但这些不同表现是由三因素彼此不等量地配合演化出来的，如表6.1所示。

表6.1　爱的组合

爱的类型	亲密成分	激情成分	承诺成分	举例
无爱	无	无	无	你对这个人的感觉就像对电影院收取入场券的人感觉差不多
喜欢	有	无	无	每周至少有一两次在一起吃午饭的好朋友
迷恋的爱	无	有	无	仅仅基于性的吸引而短暂投入的关系
空洞的爱	无	无	有	被安排好的婚姻或"为了孩子"而决定维持婚姻的夫妇
浪漫的爱	有	有	无	经历了几个月快乐的约会，但尚未对彼此共同的未来做任何规划的情侣
同伴的爱	有	无	有	享受对方的陪伴和双方之间关系
愚蠢的爱	无	有	有	只认识两星期就决定在一起生活
完美的爱	有	有	有	充满深情的长期关系

在关系的发展进程中，爱的三种成分（激情、亲密和承诺）的强度有所变化。随着情侣之间熟悉程度不断加深，上述三种成分也会发生变化（见图6.2）。

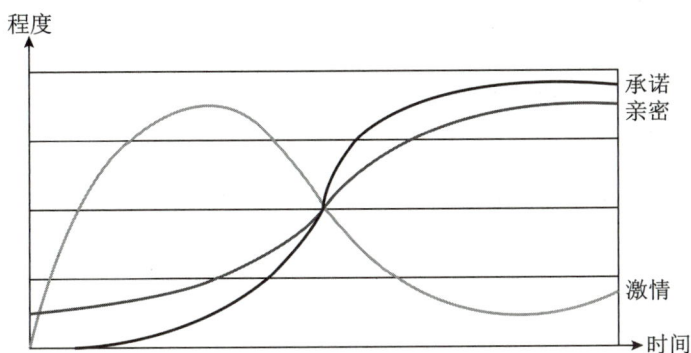

图 6.2 爱情三种成分变化

二、约翰·李的爱情彩虹图

加拿大社会学家约翰·李（John Alan Lee）依据爱情的不同内涵将其分为六个种类。

情欲之爱：罗曼蒂克、激情的爱情，特点是建立在理想化的外在美之上，缺少心灵沟通，靠激情维持。

游戏之爱：将爱情看作游戏，重视的是过程，不承担责任，寻求刺激和新鲜感，不会投入真实的情感。

友谊之爱：建立在长久了解的基础上，能够彼此调整、解决相互的分歧，是一种相对稳定、温馨的共同成长的情感。

依附之爱：以控制、占有为主题的关系，对情感的需求非常大，在这段关系中情感不稳定。

现实之爱：以考虑双方的现实条件为前提，希望能够计算彼此付出和获得的成本，理性高于情感。

利他之爱：不追求对方回报的、利他主导的、带有牺牲和奉献色彩的感情。

心理成长沙龙

你的爱情是什么样

请根据这些条目的要求描述当你陷入激情式的爱情中时，你的感受是什么样子的。想一个你现在爱得最热烈的人。如果你从未谈过恋爱，想一个你最关心的人。在选择你的答案时，请回忆一下你的情感最强烈时的感受。对于以下15个题目，请用1~9的数字来尽量准确地描述你的感受。数字1代表完全不正确，数字9代表完全正确。将答案记录在各个题目之前。

1	2	3	4	5	6	7	8	9

完全不正确　　　　　　　　　　一般　　　　　　　　　　完全正确

1. 他要是离开我，我会感到极度绝望。

2. 我有时候会一直想着他。

3. 当我做了一件让他快乐的事情时，我会感到很快乐。

4. 我宁愿和他在一起，而非其他人。

5. 想到他曾经和其他人谈过恋爱，我就会很嫉妒。

6. 我渴望知道与他有关的一切事情。

7. 我希望一直和他在一起。

8. 我对他的爱的渴望是无止境的。

9. 对我来说，他是最理想的恋人。

10. 我渴望和他有更多的接触。

11. 他似乎总是在我脑海中。

12. 我希望他理解我、我的情感、我的恐惧和我的希望。

13. 我急切地寻找任何关于他的信息。

14. 他对我有强烈的吸引力。

15. 当我和他的关系出了问题时，我会变得非常沮丧。

计分方式：把15道题的得分加在一起，总分为15～135。你的分数越高，你对对方的情感越反映出激情式的爱情。那些你给予相对高分的题目反映了在激情式的爱情中你所体验到较为强烈的成分。

三、恋爱中的依恋关系理论

学习笔记

依恋关系是个体在童年时期和特定的照顾者互动过程中发展起来的情感连接，慢慢地形成个体人际交往的内部加工模型。依恋关系理论研究者将依恋关系分为三种类型：安全依恋型、回避依恋型和矛盾依恋型。安全依恋型的儿童和照顾者之间存在信任、积极、稳定的关系；回避依恋型儿童和照顾者之间的关系比较冷淡，并且避免与照顾者进行交互；矛盾依恋型儿童在和照顾者分离时表现出巨大的痛苦，但当照顾者回来后，又对其非常生气。

请思考以下想法：

① 我觉得自己易于与他人接近，并且能够很惬意地信赖对方，也能获得对方的信任。我很少因为害怕被抛弃或被他人过于接近而担忧。

② 我觉得当别人接近我的时候，我觉得不自在，并且很难去信任和依赖对方。但有人对我特别亲近的时候，我会觉得紧张；我的恋人常常要求我与他更亲密些，但这往往让我不自在。

③ 我觉得我并不愿意和别人接近，并且我常常认为对方并不是真的喜欢我，并不想和自己在一起，更不要说信任和依赖另外一个人。有时，我想要完全融入另一个人的世界，但这往往会把他吓跑。

根据心理学家菲利普·谢弗（Phillip Shaver）的研究，同意第一段话的人属于安全依恋型。这个类型的个体能够从亲密关系中获得快乐，并且对双方的未来充满信心。超过一半以上的成年人属于安全依恋型。

同意第二段话的人属于回避依恋型，这样的人大概占了总人数的四分之一，他们在亲密关系中往往投入较少，与恋人分手的概率比较高，并且经常会觉得孤独和寂寞。

同意第三段话的人属于矛盾依恋型。这样的人在亲密关系中投入过多，会反复地和同一个恋人分分合合，而且往往自尊水平较低。大概有 20% 的成年人属于这个范畴。

依恋理论的研究者指出，个体在婴儿期的依恋模式很大程度上影响着成年时期的亲密关系。那些在成年关系中遇到困难的人，最好回顾一下他们早期的依恋模式，以确定问题的根本症结所在。对当前行为根源的洞察，有助于我们在成年期学到更多的适应性技能。

≫ 学习任务四　　爱的能力 ≫

一、选择爱情的能力——因"何"而爱

当爱情降临时，我们会选择什么样的人成为我们的恋人？

如果可以选择，大多数人都期望对方有以下的特点。

① 热情和忠诚。值得信赖、幽默、智慧、亲切、友善、给予支持、善解人意。

② 吸引力和活力。长相俊美、性感、外向。

③ 经济宽裕，令人生活安心。

所有这些特点都是值得拥有的，但它们并非同等重要，其优先性取决于我们追求的是较随便、短期的恋情，还是忠诚、持久的浪漫爱情。有时候，我们对这些标准要进行重要性排序，对于次重要的特点就要折中处理了。如果我们坚持要求对方既要友善、俊美，还要富有、阔绰，我们很可能会长期处在失望和沮丧中。

根据伯纳德·默斯坦（Bernard Murstein）的刺激—价值—角色理论，在建立亲密关系的阶段中个体会经历三个重要的阶段：第一是刺激阶段，彼此通过年龄、性别、长相等外部特征相互吸引；第二是价值阶段，取决于彼此的态度和信念的相像程度，双方开始了解彼此是否喜欢共同的东西；第三是角色阶段的相容

学习笔记

性，双方最终发现在财产、事业、养育等生活要务上是否一致。

时间和经验的影响还表现在致命的吸引上。如果对方最初吸引人的品质逐渐变成惹人厌烦、恼怒的特点，致命的吸引就产生了。例如，对方刚开始交往时看上去主动、风趣，可能到后来却变成了不负责任、愚蠢；一开始看上去的坚强、执着到后来变成了专横跋扈。一开始很享受对方高度注意和奉献的人，到后来或许觉得他占有欲太强而反感他的一些行为。在这些例子中，令人厌烦的特征并非隐而不显的秘密，只不过人们领悟不到自己的判断会随着时间发生怎样的改变。重要的是，这类致命的品质往往是对方所没有的；最初看起来是令人羡慕的，但随着时间的推移人们认识到这些品质变得没有吸引力了。

在未婚的青年男女身上，研究者发现一种有趣的行为模式，叫作罗密欧与朱丽叶效应：父母越是干涉子女的恋爱自由，他们彼此之间就会越相爱。这或许是父母的干涉对年轻恋人日益增加的狂热之爱起着推动作用。如果父母的干涉使子女产生了抗拒心理，父母就可能在无意中使这位被禁止接近的对象反而更加有吸引力了。

二、拒绝爱情的能力——分手的艺术

（一）给想主动提分手的人的建议

① 想清楚自己为什么分手，分手有什么好处，有什么坏处。也可找专业人士协助你澄清自己的情绪和想法。

② 在谈分手之前，先考虑对方的个性、两人交往的深度、对方可能的反应等，准备好谈分手的方式、态度和理由。

③ 分手之前要先让对方有所感知，给对方一段时间的准备和心理调适。尽量避免单方面突然宣布分手，这样给对方带来的伤害是极大的。

④ 调整好自己的情绪再提分手，态度温和而坚定，不要一直数落对方的不是。既然决定分开，不如少一些伤害，多一些好的记忆。

⑤ 谨慎选择谈分手的时间和地点。时间最好是白天，地点最好是公开、安静的地方，有旁人但不会干扰你们的谈话。

⑥即使是分手，也要顾忌对方的感受和尊严。尽可能地真诚、具体地说出为什么要分手。

（二）给被动分手的人的建议

① 保持冷静，不要被失恋的各种难受情绪吞没，先听对方怎么说。

② 不要一个人承受痛苦。失恋对人的打击可能是非常大的。失恋者可能会不

停地怀疑自己的价值，沉浸在各种负面情绪里，这时要学会调节情绪，可以找人聊聊天，或者唱唱歌，用自己的方式来释怀。

③ 不要完全否定自己。在爱情中投入很多的人在失恋后可能会彻底怀疑自己的一切，否定自己。要知道爱情是两个人的事情，单靠一个人的努力是完全不行的。

三、读懂爱的语言

我们开始关注自己表达的意愿，开始发现双方以前没有的分歧。比如，他想要周末休息，而你想要逛街；你想要和他一起去见父母，但是他认为现在还不是时候。渐渐地，亲密的幻觉消失了，个人的愿望、情绪、想法和行为模式完全现出原形。你们是两个不同的个体，心思并没有融合在一起，情绪也只是在爱的海洋中短暂地混合了一会儿罢了。这个时候，你们或者退缩、分手，开始寻求一个新的恋爱经验；或者在清醒之际，开始学习彼此相爱的艰难功课。

心理学家罗斯（Rose）博士在儿童和青少年门诊治疗中发现，在每个孩子的内心都有个"情绪的箱子"，等待着重要他人的爱。当一个孩子真正感觉到被爱时，他才会正常地成长；当情绪的箱子空了的时候，孩子就会出现问题行为。对爱的需求不只是一种童年时期的现象，它慢慢地进入个体的成年期，最终在亲密关系中发挥作用。恋爱的经验暂时满足了爱的需求，可是那终究只是一种"止痛药"，服用过就可以料定它对生命的作用是非常短暂的。一旦"恋爱"那种神魂颠倒的兴奋感褪去之后，对爱的情绪需求又浮现出来了，因为那是我们本性的基础，是我们情绪愿望的中心。我们最基本的情绪需要，不是坠入情网，而是真正地被另一个人所爱，而且知道那样的爱是出于理智和选择，而不是本能。我们需要被一个人爱，这个人选择爱我们，看到我们有值得爱的地方。

我们每个人都带着不同的性格和个人经历进入亲密关系，同时也把各自情感的要求带进亲密关系。我们有不同的期望、不同的处理事情的方法，我们对于什么是人生中重要的事情有不同的看法。我们对于用什么样的方式表达爱也有着自己不同的期待。

四、维持爱情的能力——学会"吵架"

个体对亲密关系的信念主要分为两种：宿命信念和成长信念。宿命信念认为对方要么是天命之人，婚姻生活一定是完美的，不会有任何不满；要么是冤家聚头，只会不断争吵。这个信念的特点是个体只会从刻板、僵硬的角度来看待亲密关系的建立和发展：如果双方注定要幸福地生活在一起，他们就不会碰到过多疑虑或困难，会有美满的未来。而成长信念对爱情的看法截然不同：它的前提是，亲密关系的建立是需要付出相应的努力的。成长信念认为幸福的关系是努力和付出的回报，如果双方一起努力战胜挑战、克服困难，良性的亲密关系就能逐渐建立起来。

冲突及吵架是亲密关系建立中很重要的表达方式，如果加以善用，不失为双方深入了解、增进关系的重要契机。约翰·高特曼（John Gottman）花了许多年研究感情关系，他发现恋人往往会陷入以下三种冲突类型。

波动型：这种类型的恋人存在强烈、激动的争论，源自你吵你的、我吵我的，两个人毫无交集，只是为了发泄情绪，尽管有时只是小问题。他们通常会提高自己的嗓门，尽量要占上风，情绪激昂地谈论问题。对于他们来说，冲突通常被视为需要取胜的比赛。

回避型：这种类型的恋人更倾向于忽略问题，而不是面对问题。他们尽可能地减少分歧、避开敏感话题。一旦产生矛盾，他们也能迅速、冷静地处理它们。

效用型：这种类型的恋人公开、合作地管理冲突。当他们有不同意见的时候，可以通过文明的途径来对话，而且不否认自己的情绪。他们仔细地倾听对方的话，然后寻求解决问题的合作方案。讨论真正关乎彼此的问题："为什么你想要？为什么我不愿意？"要是能解决这个问题，从浅层沟通走向深层沟通，就是真正的表达。

一个有效的沟通技巧，首先是说事情，其次要加上你的感受，最后再加上希望。明确地告诉对方你要什么，而不是只是没有章法地、失控地争执。尽量减少矛盾的爆发次数，彼此从互动中得到深度的了解。真正的表达是基于理解和接纳的，从了解到对对方的行为产生深层次的理解，再从理解到接纳，接纳就是爱。

在冲突型的恋爱关系中，那些像火山一样爆裂的争论只不过是他们温暖又充满爱意的婚姻中的一小部分。争论时的激情和兴趣似乎都有益于他们之间积极的互动。他们不仅比一般的效用型关系表达了更多的愤怒，也表达了更多的欢笑与恩爱。

相对于化解矛盾，回避型恋人更坚持他们在关系理念上的基本共识。他们不过是再次确认了彼此在亲密关系中所爱的和所重视的东西，即强调积极的部分，接受剩下的部分。通过这个方式，他们常常能以一个悬而未决的讨论来结束争论，且不破坏对彼此的好感。

高特曼认为是积极沟通行为和消极沟通行为之间的数量比是感情关系取得成功的关键因素，他把5∶1称为"神奇比率"，只要恋人之间的积极互动，如微笑、大笑、赞美、体贴的言语等，是消极言语和行为的5倍，他们就能拥有快乐、和谐的感情关系。对于回避型恋人来说，他们很容易把消极沟通行为的数量控制在较低水平，而波动型恋人能把积极行为保持在较高的水平。关键是无论哪种类型，也包含效用型恋人，成功的秘诀在于保持积极沟通行为与消极沟通行为之间恰当的比例。

» 学习任务五　学会喜爱和欣赏我们自己 »

当心理咨询师问来访者喜欢他自己的什么特征时，来访者有时会感到惊讶，甚至局促不安和尴尬，不知道如何向自己"表白"。如果对来访者说："如果你最好的朋友在这里，他会怎样描述你？""他为什么选择你作为朋友？"这些问题更加有助于来访者积极地看待他们自己。

我们只有学会如何喜爱自己，才能应对在爱别人和允许别人爱我们时遇到的困难。我们不能给予别人我们不曾拥有的东西，如果我们能欣赏自己的价值，我们就更能接受来自别人的爱，甚至去爱一个"敌人"。自爱是爱别人的先决条件：当你能够爱你自己的时候，你就能够爱别人。

爱自己并不意味着夸大自己的重要性，或者把自己置于别人之上或宇宙的中心。相反，它意味着我们要尊重自己，即使我们并不完美。这需要我们关心自己的生活，并努力变成自己想要成为的人。

许多人都强调自爱是爱别人的条件。在《爱的艺术》中，弗洛姆（Fromm）将自爱描述为尊重我们自己的完整性和独特性，并声称自爱不能和爱以及对他人的理解分离。我们经常问那些只付出而难以为自己索取的来访者："你值得为那个人如此无私地付出吗？""如果你自己对自己的爱都枯萎了，你又怎么能去给别人？"我们不能给予别人我们还没有体验过和学会的东西。那些努力获得别人爱的人之所以不能成功，是因为他们并没有意识到他们必须首先像别人一样爱自己，然后才能够得到别人的爱。

随着我们越来越懂得尊重自己，我们也增强了接受他人想要给予爱的能力；与此同时，我们也拥有了去真正爱别人的基础。关心自己和关心他人是有很大的关联的。

想一想你以前做出的考虑是否是由爱自己或被爱的能力所决定的。你曾经有过以下这样的想法吗？

①我是不可能被爱的，除非我迎合别人的期望。
②我是值得去爱的，因为我就是我。
③我不会爱上另一个人，因为我害怕被拒绝。
④爱让生活有价值。

最后，我们再深入地探索：这些内心的想法是来自哪里的呢？你在你的原生家庭获得过什么样的信息？你是否具有感受被爱或给予爱的能力？你是如何受这些信息和决定影响的？

那些你收到的或许未加批判就接受的信息，可能来自你自己的原生家庭，或者是来自曾经经历的重要事件。可当我们逐渐长大后，这些过去的信息是可以被我们重新改写的，关键在于你是否想这么做。

心理游戏 >>>

爱的总结

请完成以下的句子：

1. 我觉得这个人值得爱，是因为对方拥有这些品质：

2. 我觉得这个人不值得爱，是因为对方拥有这些缺点：

3. 对于我来说，爱情意味着：

4. 我能够通过以下方式来表达自己的爱：

5. 我希望别人用以下方式来表达对我的爱：

自我成长 >>>

1. 请罗列出你对另外一半的要求，然后根据重要性对这些要求进行排序。

2. 请回忆一下自己的恋爱史，哪些事情让你对爱情有了深刻的领悟。

3. 有句话叫"爱别人容易，爱自己难"，你觉得自己在经历过爱情之后，发生了什么样的变化。

4. 对爱的学习中包括表达爱、接受爱、拒绝爱、鉴别爱和解决爱的冲突的能力，面对失恋的心理承受力，保持爱情长久的能力，你觉得自己在这些能力中最擅长的是哪个？最欠缺的是哪个？你打算如何用实际行动来突破你的局限呢？

5. 除非你先喜爱自己，否则你不能全身心地去爱别人，你同意这个命题吗？在日记里写一些你不欣赏自己的方面，同时记录你重视与尊重自己的时期和事情。

6. 你是一个主动的还是被动的恋人？请写下你用什么方式证明你关心你所爱

的人，之后请仔细审阅你列出的项目，并就你的恋爱风格进行讨论。

7. 写下你身上与男性或女性相关的个人特点。然后想一想你是怎样获得这些特点的？你在多大程度上对这些特点感到满意？

8. 以清单的方式列出传统男性的性别角色特点以及传统女性的性别角色特点。然后选择不同年龄段的人，询问他们在多大程度上赞同或反对这些角色特点。

花一周到两周的时间，仔细观察电视上的节目，以及电视剧和广告，寻找与性别角色和期望有关的信息。在日记中写下你的印象和感觉。

项目七
珍爱生命

人的可贵在人自身。

——杨绛

📖 项目导航 »»»

1. 了解生命的意义。
2. 学习识别自杀的信号和危机的简单干预方法。
3. 培养积极乐观的生命态度和主动求助的科学意识。

📄 自我评估 »»»

依据个人的真实情况，以下这些描述符合的记1分，不符合的记0分。

1. 你认为最完美的快乐是怎样的？
2. 你最希望拥有哪种才华？
3. 你最恐惧的是什么？
4. 你目前的心境怎样？
5. 还在世的人中你最钦佩的是谁？
6. 你认为自己最伟大的成就是什么？
7. 你自己的哪个特点让你最觉得痛恨？
8. 你最喜欢的旅行是哪一次？
9. 你最痛恨别人的什么特点？
10. 你最珍惜的财产是什么？
11. 你最奢侈的是什么？
12. 你认为程度最浅的痛苦是什么？
13. 你认为哪种美德是被过高地评估的？
14. 你最喜欢的职业是什么？

学习笔记

15. 你对自己的外表有哪点不满意？

16. 你最后悔的事情是什么？

17. 还在世的人中你最不喜欢的是谁？

18. 你最喜欢男性身上的什么品质？

19. 你使用过的最多的词语是什么？

20. 你最喜欢自己身上的什么品质？

21. 你感到最伤痛的事是什么？

22. 你最看重朋友的什么特点？

23. 你最爱的人或东西是什么？

24. 何时何地让你感觉最快乐？

25. 如果你可以改变你的家庭一件事，那会是什么？

26. 如果能选择的话，你希望让什么重现？

27. 你的座右铭是什么？

成长故事 »»

小的时候我们大概都问过这样的问题：我是从哪里来的？你还记得你得到的答案吗？听到这些回答，你是什么样的感觉？

生命是如何产生的，不同学科有不同的生命起源说。大多数人认为生命是从出生开始的，因为他们会在每一年的生日庆祝。认识生命的话题，从来绕不开生与死。认识生命的起点是从认识生命开始的，认识生命的意义常联系到生命的终结。

项目探索 »»

»» 学习任务一　生命的故事 »»

一、生命的起源

在这一章中，我们可以一起思考生命的意义，如果我们理解生命的起源，坦然接受生命的有限性，自觉拓展生命的广度和宽度。这些将是让我们整个生活充满意的基石。

二、生命的意义

对于生命意义的探索需要回答三个关键的存在问题，而任何一个都没有简单的绝对的答案："我是谁？""我将去向何方？""为什么？"

第一个问题"我是谁？"在我们人生的不同阶段都会有不同答案。我们在自我意识的探索任务学习中，可能会触及当下的自己对自我以及自我价值的定义。当自我价值无法提供生活的意义和前进的方向时，我们会面临选择，是抱有无所谓的态度，还是开始积极地行动起来。

第二个问题"我将去何方？"的答案是建立在你对自我定义的基础上的。你喜欢什么、不喜欢什么，你期待什么、讨厌什么。你也可能会面临着是按照自己内心真实的想法去选择未来生活的方向，还是听从他人的建议去继续自己的生活。我们是继续拿着原生家庭的剧本来定义自己，还是在未来努力开拓更多新的可能，迎接新的希望。

第三个问题"为什么？"的答案是人类的一大特征。世界在日新月异地变化着，旧有的观念不断被新的观念取代或者消亡。当我们回答这个问题的同时，就是去寻找我们所处世界的意义，探索和创建我们自己生命的价值。

心理成长沙龙

你的价值观

1.你重要的价值观有哪些？为了确定你的价值观，可以尝试用下面的测试来评定所列出的价值观对你的重要性。

3= 对我非常重要　　　2= 对我比较重要　　　1= 对我不重要

爱他人

享受亲密的关系

参加娱乐活动

家庭生活

安全感

勇气

工作和事业

开心和幽默

智慧和好奇心

对待不同的文化和体验持开放态度

愿意为改变而冒险

乐于帮助他人

影响他人的生活

欣赏自然

独立和自主

相互依靠和合作

对生活的控制感

经济上的成功

有时间独处和反思

做出贡献和有进取心

被他人称赞

面对挑战

热情和富有爱心

参与竞争

看看那些被你评为3分的价值观（非常重要），如果你需要挑选重要的3个价值观，你会选择什么？

2. 这3个价值观是否是你生活中的一部分？

3. 你体验到在刚才列出的那些价值观中有多少是在你的生活中充分实践的？为什么你无法按你希望的那样做你重视的事情？是什么阻止了你？

4. 为了让生活更加有意义，你采取了哪些具体的行动？

你对生命的意义的定义将影响你的行动，你每一天的行动都是生命的意义的体现，思考自己生命的意义和价值的来源，以及它们现在是否适合你。此外，我们也需要知道个人的生命意义对人际关系的重要性。每个人都有对生命的理解和选择，如果你对自己生命的意义和价值很有信心，那么你就不会害怕那些具有和你不同信念和价值观的人，不会感到一定要去说服其他人和你秉持一样的价值观，因为生命的多样性带给你不是恐惧，而是挑战。你会感到好奇，想去探索那些和你有不同答案的人：他们是如何长大的，他们的生命过程中是否有自己可以去学习和探索的地方。你感到兴奋，那是一次生命和生命交流的过程，在这个过程中每个人都值得被看到、被爱，每个人都有自由去做真实的自己，去实践自己认为重要和有意义的事情。

学习笔记

»» 学习任务二　尊重生命 »»

一、生命的价值

生命的独特性造就了世界的多样性和丰富性。任何生命都有价值，都是不可替代的存在。

个体应该自觉地认识生命、体验生命，关注自身的生命以及与其他生命之间的关系，拓展自身对生命的价值和意义的理解，积极主动地探求生命的价值，创造生命的价值，最终实现个体生命的整体和谐。

二、珍视生命

尊重生命首先要珍视自己的生命，其次是尊重他人的生命和这个自然界里所有动植物的生命。健康地活着是个体生命一切活动的前提。倘若个体生命不存在，生命的价值和意义也就无从谈起。因此，我们要树立自己的理想和目标，并通过坚持不懈地努力去实现，让自己的人生充实而有意义。

大部分人是尊重自己的生命的，也不会做出不尊重自己生命的事情，但是我们很难确定其他人在遇到困难时，是否懂得活着的意义。

（一）走出自杀与防治的迷思

世界卫生组织和国际自杀预防协会决定将每年的 9 月 10 日定为世界预防自杀日。作为社会的一分子，我们每一个人都有责任帮助那些正在自杀中挣扎的人，为他们提供支持、鼓励。

自杀是一项重要的公共健康议题，了解自杀倾向或自杀行为的预警信号以及如何去寻求帮助对自杀的预防是十分重要的。

（二）自杀信号和心理危机干预

调查研究发现，每个想自杀的人几乎都经历过犹豫、挣扎、求助、失望。这

学习笔记

个阶段是我们发现和救助自杀行为的关键阶段。

世界卫生组织指出，大部分自杀行为发生之前都有一些警告信号，发生以下情况，一定要引起注意。

- 总是表达想死或想结束生命等类似内容。
- 总是表达感觉很空虚、自觉无能、没有活下去的理由类似的内容。
- 为自杀制订计划或选择自杀的方式（如上网搜索、存储药物）。
- 自觉内疚和羞愧。
- 总是谈及自己有一种被束缚住的感觉，却没有解决方法。
- 感到难以忍受的痛苦（情绪上痛苦或身体上的疼痛）。
- 感觉自己是别人的累赘。
- 饮酒、过量用药行为频繁。
- 表现出焦虑、易激惹。
- 对家人、朋友有退缩回避行为。
- 饮食和睡眠习惯改变。
- 易怒或总有报复他人的想法。
- 冒险做一些危及生命的活动（如车速极快）。
- 经常谈论或思考死亡。
- 表现出心境的剧烈起伏，从悲伤突然转变为平静或兴奋。
- 对重要财物失去兴趣（如捐赠、放弃重大财物）。
- 莫名地向朋友家人告别。
- 将事情安排得井井有条，订立遗嘱。

如果你或你认识的某人有以上预警信号，要迅速寻求帮助，特别是最近才出现上述异常行为的人群。

首先，创造一个安全的环境：减少有自杀倾向的个体接触危险物品或进入危险区域的可能性，这是自杀预防中很重要的一部分。

其次，陪伴在他们身边：认真倾听和了解个体的想法与感受。研究显示，承认有自杀观念或与他人谈论自杀想法，可以降低自杀倾向。倾听他们并且告诉他们自杀的想法只是暂时的，他们的问题是可以得到解决的。

再次，立即寻求专业的帮助：如果有需要，陪试图自杀的人去危机干预中心或心理咨询室，通过电话或网络尽快联系危机干预热线。最重要的是，不要把他单独留下。如果他拒绝和人交谈也不寻求帮助，就要做好报警的准备。

最后保持联系：在遭遇过危机或刚从救助机构出来时，与他人保持联系可以及时帮助有自杀倾向的个体。研究证实，当有自杀倾向的个体的身边有密切关注其情况的人，可有效预防自杀行为的发生。

»» 学习任务三　学习求助 »»

　　每一个人都希望拥有幸福快乐的生活，但由于心理问题的产生具有一定的偶然性，因此无论是我们自己还是周围的同学、亲友都有可能有这样或那样的心理问题，有时甚至是比较严重的心理问题。

心理成长沙龙

　　当自己真的在某个方面出现问题的时候，又该到谁那里去寻找打开心理之锁的钥匙呢？想一想，把你想到的结果写在下面。

　　当我在学习方面遇到问题时，我可以去求助于：_____

　　当我在人际关系方面遇到问题时，我可以去求助于：_____

　　当我在个人发展方面遇到问题时，我可以求助于：_____

　　当我在其他方面遇到问题时，我可以求助于：_____

　　曾听见两个同学这样的对话：

> A：你去找过心理老师聊天没有？
> B：我又没心理问题，为什么要去找心理老师！
> A：我们班某某去咨询过了呢！
> B：不会吧，那他是不是心理有问题？

　　其实在远古时候，人们有困扰，需要别人给予答疑解惑时，会求助族长或者长者。后来，出现了一些思想家为人们指点迷津。比如，古希腊时期的苏格拉底、我国先秦道家思想的代表人物之一庄子。在某种意义上，这些思想家是早期的"心理咨询师"。

学习笔记

心理成长沙龙

我还好吗？

　　请依据个人的真实情况，以下这些描述符合自己的记1分，不符合自己的记0分。

1. 最近我为自己的状态或某些行为、感受而担忧。
2. 在过去的几周，我因为上述行为或感受，状态越来越不好。
3. 我曾想靠自己减少或消除上述行为或感受对自己造成的负面影响。
4. 我能靠自己有效遏制上述行为或感受对自己造成的负面影响。
5. 我的问题若要解决，能得到朋友和家人的支持。
6. 最近我觉得对抗这些不适比往常更困难。

7. 最近我在学习（工作）中难以集中注意力。

8. 我最近想找个人好好谈谈我的烦恼，但要先把这些烦恼整理清楚。

9. 为解决让我不适的情况或感受，我和某些专业人士讨论过了。

10. 我已将这些不适的情况或感受，告诉我的朋友或亲人。

11. 为了搞清楚这些让我不适的情况或感受，我已读过一些书籍或上网查过一些资料。

12. 我曾接受心理咨询师的帮助，并觉得较有收获。

13. 最近我觉得睡眠质量不高，次日感到精力不足。

14. 最近我比往常更爱发脾气，容易看人不顺眼，甚至想找人打一架。

15. 最近我情绪低落，感到前途迷茫；对工作、学习、娱乐都提不起精神和兴趣。

16. 最近我老是觉得身体有某种疼痛或不舒服，总觉得自己身体有问题，但检查结果没有问题。我总觉得是误诊或漏诊，老是想着这个事情。

17. 最近我比往常对噪声和强光更敏感，而且不愿出门，怕拥挤。

18. 我最近希望交到新朋友，但是我在他人面前总感到特别紧张或不自在。

19. 我最近觉得比往常更容易疲惫，容易忘事。

20. 最近我会突然心悸，虽然持续时间不长，但是有濒死感；或胸闷气短，觉得吃不下饭。

21. 虽然以上情况都没有，但我心里仍旧感到难受或难过。

这个问卷调查，可帮助你测试自己的现状是否需要一位心理咨询师的帮助。注意，您需要根据自己上一个月的真实情况如实回答，使结果更接近您的真实需求。

✒ 学习笔记

高校心理健康教育中心为大学生提供心理咨询服务，每个大学生在遇到心理困惑时都可以向其寻求帮助。加强对心理咨询的了解，一方面能提高大学生的心理知识储备，另一方面也为开发其自身的心理潜能提供资源。

一、考虑咨询前

（一）什么是心理咨询？有效吗？

你可能会问：做心理咨询，是不是意味着自己心理有问题，得找医生看病吃药？

仅这个问题，就有好几个概念被混淆了。

任何一个人，都有可能在某个阶段遭遇某些方面（如升学、情感、职业发展、人际关系、自我认知等）的挫折或打击，由此而产生相应的困惑、烦恼和痛苦。

种种负面情绪披着一件叫作"压力"的外套，张牙舞爪地攫夺你的身心健康，令你感到沮丧、厌倦、易怒、疲惫、不自由、失去活力和创造力，甚至饮食与睡眠均受到影响，并且好长一段时间都没有改善。那么，这时你可能需要找一位心理咨询师交流一下。

我们所说的心理咨询，是指心理咨询师运用专业的心理学理论和方法，通过与来访者建立相互信任的人际关系，通过语言、文字等信息媒介，首先帮助来访者在一定程度上疏解负面情绪和压力，然后帮助来访者发现自己的问题，找到引起心理问题的根源，进而寻找可以摆脱困境和解决问题的对策。心理咨询可以帮助来访者改变原有的认知结构和行为模式，帮助来访者恢复心理平衡，提高对环境的适应能力，维护和增进身心健康，促进个性发展和潜能开发。在咨询过程中，心理咨询师和来访者是工作联盟。用简单的一句话概括一下，即心理咨询能帮助人们以更好的状态去学习、工作和生活。据此我们可以打消这样的顾虑：本来自己没病，一看心理咨询变成有病了。

（二）我需要心理咨询吗？

"有问题"才需要找心理咨询吗？不是的。大多数来做心理咨询的人，都是普通人。

在面对各种不确定性、遗憾、失望、孤独感、无意义感的时候，需要对自己有更多的了解、可寻求支持和帮助的人。心理咨询的目的是协助来访者减少情绪冲突和行为困扰，在自我认识和自我完善过程中达到心理的成熟。

（三）怎么判断我是否需要心理咨询？

你的困扰对你的生活和工作造成了影响，这些影响包括没有食欲、失眠、起床困难、难以集中注意力、情绪低落等。

心理咨询是帮助一个人了解自己的一个很好的途径。如果你愿意探索自己的人际关系、职业生涯、情感等，心理咨询都能给你和你的生活带来变化。

其实，当你觉得需要帮助的时候，就可以去做心理咨询。

（四）是去做心理咨询还是精神诊断？

精神科是做药物治疗的。心理咨询是做谈话咨询的。需要注意的是，处方权只有精神科医生才有。

1. 重度精神疾病

在精神疾病发作时候，社会功能丧失，一定要接受精神科的药物治疗。心理咨询无效。

如果一个人已出现诸如幻觉、错觉、妄想、哭笑无常、行为怪异、社会功能严重退化等症状，这可能是真正意义上的心理障碍或精神分裂，必须尽快去医院救治，否则很危险。心理医生或精神科医生具有处方权，会辅以药物治疗。

在治疗后期社会功能恢复的时候，建议辅助心理咨询。普遍来说，精神类疾病药物治疗有一定的复发率，配合心理咨询能够降低复发率。

2. 一般心理障碍 / 成长问题

每个人都有可能出现一般心理问题，这时可以寻求心理咨询师的帮助。心理咨询师也会评估来访者的状态，如有需要，就会建议去医院就诊。每个人，包括心理咨询师和精神科医生本人，都可能需要求助于心理咨询或心理治疗。因此，你完全不必将做心理咨询等同于"家丑外扬"。

感冒，可治可不治，视主观意愿、难受程度、病情发展而定；一般心理问题，亦然。

感冒，来了会好，好了会再来，谁也无法保证自己终身免疫；一般心理问题，亦然。

感冒，过于忽视，有可能导致肺炎、心肌炎等更严重的疾病；一般心理问题，亦然。

如果你想先问一问，可以给专业人员打电话咨询。如需要做诊断，建议去三甲医院的精神科。

事实上，人的心理健康与否并无明确的界限，它只是一种相对的状态。具体地说，如果将心理健康比作纯白色，将心理不健康比作纯黑色，那么纯白色和纯黑色中间存在着一个巨大的缓冲区域——灰色区域。心理健康的灰色区域又分为浅灰色和深灰色区域。处于浅灰色区域的人只有心理冲突而无人格变态，如失恋、考试焦虑、人际关系不良等心理不平衡与精神压抑，需要求助于心理咨询师或社会工作者。而处于深灰色区域的则是存在人格异常和心理障碍的人，如个体因考试焦虑导致焦虑症、因压力导致抑郁症等都属于此类，需要求助于心理治疗师或心理门诊医生。处于不同心理灰色区域的人所属的服务对象、面对的服务人员、需要的服务模式都不同（见图 7-1）。

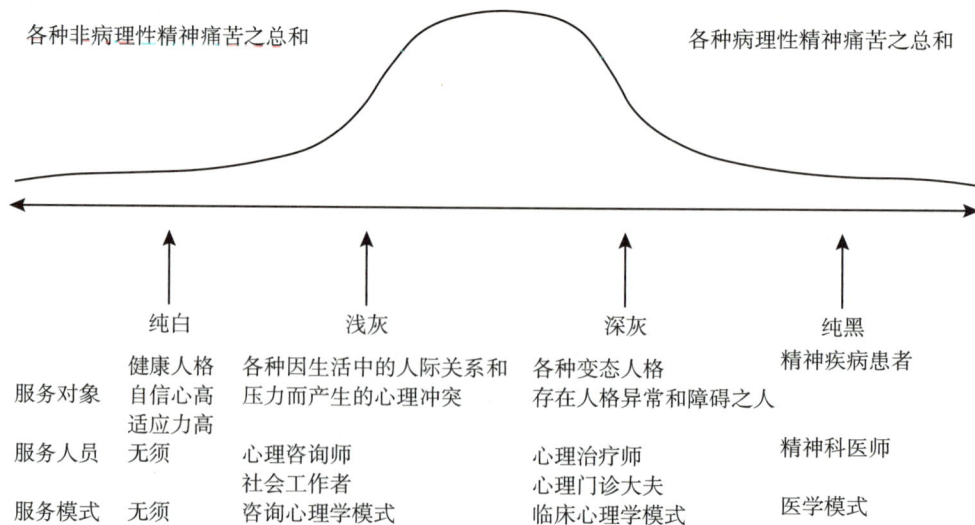

各种非病理性精神痛苦之总和　　　　　　　　　　　各种病理性精神痛苦之总和

	纯白	浅灰	深灰	纯黑
				精神疾病患者
服务对象	健康人格 自信心高 适应力高	各种因生活中的人际关系和 压力而产生的心理冲突	各种变态人格 存在人格异常和障碍之人	
服务人员	无须	心理咨询师 社会工作者	心理治疗师 心理门诊大夫	精神科医师
服务模式	无须	咨询心理学模式	临床心理学模式	医学模式

图 7-1　心理健康的灰色区域

（五）我可不可以自我咨询？

生活里有很多办法可以帮助我们了解自己，大到哲学，小到旅行、读书、看电影、逛街、与朋友聊天等，都能够帮助我们认识自己。而当以上方式都不能帮助到你的时候，心理咨询提供的是一种特殊的"人际关系"，你可以在这个关系中进行"修复性的情感体验"。心理咨询是帮助你的方式之一。

心理专家曾奇峰曾指出，当你遇到如下情况时，可以考虑找心理咨询：

① 在某些时候觉得孤独或者想找人说说话。

② 当心理压力太大时，如学习有困难、人际相处不良等。

③ 当自然灾害、意外事故等危机事件发生之后的一个月，还是经常被这些事件的记忆困扰。

④ 对于某些特定的物体和行为害怕，如怕动物、恐惧某些场所。

⑤ 出现关门、关灯等强迫行为，或者对某一事物的思维反复出现，同时对自己的生活造成很大的影响时。

⑥ 对酒精、烟草等非常依赖。

⑦ 或许你对生活没有任何的不满，但是你想对自己的过去进行回顾。

不管是出于什么样的原因，只要感到自己心情压抑，持续时间超过两周的时候，并且感到这样的情况还在持续时，就可以去寻求心理咨询。

（六）该怎么选择"靠谱"的咨询师呢？

咨询师如是说：

> 你是自己生命故事的讲述者，我是不带批判色彩的聆听者；
> 你是奋力走出困境的探路者，我是为你加油鼓气的陪伴者；
> 你是精彩生活蓝图的绘制者，我是充满喜悦赞叹的欣赏者。

如何识别你的心理咨询师是否专业？

你有权利了解你的心理咨询师的如下信息。

① 学历背景：本科专业或研究生专业。

心理咨询师的学历背景是心理学、临床医学或咨询心理学。

② 专业受训背景：是否接受过系统的专业训练，有哪些。

心理咨询师有长期系统的培训经历更好，或经常参与被有口碑的专业组织认可的各种培训项目。

③ 这位心理咨询师被个体督导的小时数，被团体督导的小时数，督导有哪些是被行业认可的督导师。

心理咨询师的督导时数中个体督导的小时数越多越好，其次是团体督导小时数，同时督导师是中国心理学会临床与咨询学分会或者拥有普遍认可的专业心理咨询组织。

④ 这位心理咨询师在督导下实习的咨询或治疗的小时数（指和来访者面对面做咨询的时间）。

咨询或治疗的小时数越多越好，同时在不同年龄段、不同职业人群中的咨询或治疗经验更加丰富更好。

⑤ 这位心理咨询师自我体验（被心理治疗）的小时数（与他的治疗师面对面做咨询的时间）。

心理咨询师自我体验（被心理治疗）的小时数越多越好。心理咨询师越专业、经验越丰富，就会对咨询过程有着更多体验和理解。

⑥ 这位心理咨询师的专业资质如何。

通常判断心理医生合格与否需要看以下①至⑤问题。中国心理学会临床与咨询心理学专业机构和专业人员注册系统被认为是行业内的质量认可系统，如果是其被认可的注册心理咨询师或督导师，更具有专业性，同时他们接受《中国心理学会临床与咨询心理学工作伦理守则》的约束，会按照这个伦理守则做专业的事情，如果出现伦理问题也有专门的伦理工作组进行调查核实，并给予相应处分。

在初次见面的时候，来访者对心理咨询师的观察也是一个重要的指标。如果来访者在见面过程中发现了以下这些情况也可以判断出这个心理咨询师不够专业。

① 建立咨询关系后，要求与你交朋友或类似行动（如约私下见面喝咖啡等）。

② 在第一次见面的整个过程中，这位心理咨询师说的话比你说的还多。

③ 在咨询前你无法获知以上①至⑥问题的任何信息，见面询问①至⑥问题也不给予正面回答的。

④ 咨询场所（或咨询设置）不安全，如随时有电话或有人进来打扰，咨询地点经常更换，咨询师的原因导致你们咨询的时间经常更改。

⑤ 如果你找的是心理咨询师（不是精神科医生），是否有见面就推销各种产品（包括药品）的情况。

⑥ 心理咨询师在第一次咨询时，就要求来访者一次性付清所谓一个"疗程"的费用。一般专业的心理咨询师会采用后续收费。比如，在每次咨询后收费，或者如果是长期心理咨询，一般是每月或每周最后一次咨询时收取当月或当周的费用。

⑦ 长期为你做心理咨询工作，而没有书面的《心理咨询服务协议》（或者类似书面协议），这个协议一般会规定以下方面内容：知情同意、保密的界限、收费、转诊、伦理依据、休假等议题。

此外，经常在各类媒体（电视、广播、网络等）上大肆谈论自己的来访者的信息，在媒体暴露下从事心理咨询工作的"心理学专家或大师"，此类人在业内被戏称为"专门害人的家伙"，遇到还是早点避开为好。

二、寻求心理咨询

（一）第一次咨询要做什么准备？

在第一次咨询前，你唯一需要做的事情就是放轻松，准时出现在咨询室里。有人来之前将自己的问题写在纸上，见了咨询师就照着念，这并不好。心理咨询师希望跟你有直接交流，而不希望跟你隔着点什么，哪怕是一张稿纸。

（二）心理上要做什么准备？

不需要做什么特别的准备，按照你自己的方式去做就好，真实最重要。你自己的任何情绪，无论是担心、犹疑还是紧张，甚至是不屑一顾都是真实的。

在第一次咨询中，心理咨询师一般会做基础评估，并和你明确咨询流程。你在这个期间有任何疑问，尽管表达出来。在开始咨询时，你可以跟心理咨询师说出任何你的想法，如果对咨询本身有任何疑问，也都可以跟你的心理咨询师讨论。

（三）我可以与咨询师沟通自己对咨询的感受吗？

当然可以。你自己的感受最重要。在咨询过程中，心理咨询师是随时欢迎你来讨论真实感受的（包括对他的失望／愤怒等）。任何时候当你对咨询产生负面或者正面情绪的时候，都鼓励你和心理咨询师表达。

同时，在咨询开始的阶段，心理咨询师是应该有能力使来访者对咨询工作（即使看起来似乎没有什么变化的）保持信心的。如果确实不合适，靠谱的心理咨询师也会向你提出转介的建议。但前提是：你要让他知道你的真实感受。

（四）我感觉咨询没效果，可以跟咨询师说吗？

心理咨询开始的头几次大多数都是评估、建立关系的过程。在这个过程中往往来访者说得很多，而心理咨询师讲话很少。当你感受到失望、不满的时候，请一定和心理咨询师表达你的真实感受，也许这恰恰是能够使得你和心理咨询师一起推动工作的契机。

（五）心理咨询或咨询对什么样的人效果最好？

① 来访者愿意接受心理咨询，希望自己在感受和行为上做出改变，而且希望

从心理咨询中获得帮助。

② 来访者是一个能够充分表达和反思自己经历的人。动机比较强的人在咨询过程中颇为合作，与心理咨询师坦诚交流，而且承担来访者角色的不同方面。

（六）心理咨询中的基本原则与注意事项

我能在咨询以外的时间跟心理咨询师联系吗？

一般情况下最好是只在咨询时间内接触，而不是发展咨询外的任何关系，如朋友关系。但是，在经过讨论之后，心理咨询师也可能会根据情况提供他的联系方式。在咨询时间之外，如果你有非常严重的问题需要立即跟心理咨询师谈一谈，当然可以跟他联系。若不是非常重要的事，则最好在咨询时间谈。你也最好将你的联系方式告诉心理咨询师，以便他在非常特殊的情形下能跟你联系，如他因故不能上班、预约必须推迟等。

（七）我的心理咨询师可以随叫随到吗？

不能。心理咨询师会和你在咨询初期商定相对固定的见面频率（常见的是每周1～2次，传统的精神分析可能会增至每周4～5次），与心理咨询师的见面和沟通都在这个框架内。（特殊情况：当来访者处在自杀/自伤或伤人危机中，心理咨询师会联系必要的社会机构给予帮助。）

（八）我可以和心理咨询师做朋友吗？

在咨询进行中是一定不可以的。双重关系会使得心理咨询失去工作的有效性。

为了保护来访者的利益，有一些心理学流派甚至会要求心理咨询师在和来访者咨询结束三年之内都不能发展朋友关系。

（九）我可以和心理咨询师讨论什么？

影响到自己学习、工作和生活的心理困惑或心理问题。

（十）心理咨询师会为我保密吗？

保密性可能是来访者关心的问题之一。为来访者保密，是对心理咨询师的职业道德的最基本要求。在保密的内容上，有以下三个层次。

① 绝对保密的内容：任何来访者所独有的资料都是绝对保密的，如姓名、住址、工作单位、电话号码、身份证号码等。这些内容没有来访者的允许，心理咨询师没有任何权利将告诉第三者。

② 相对保密的内容：指并非来访者独有的那些材料。即使有人知道了这些材料也无法据此判断那就是关于你的。例如，很多心理问题的表现，都是成千上万

来访者所共有的，没有特别指向某个人。但是，心理咨询师有时需要将你的某方面的情况与他的同行讨论，以便向您提供更好的咨询服务。

③不承诺履行保密义务的内容：第一，触犯相关法律（如对你自己或他人构成危险、产生虐待行为等）；第二，你的情况比较严重，涉及自身的安全（如自杀、自残、严重的抑郁等），心理咨询师会在必要时，通知你的亲属或监护人，并同时征求你的意见，以确保你的安全。

⚙ 心理游戏　>>>

一、生命线

画一条线，左边起点写上 0，代表出生，右边终点写上你自己打算活到的岁数，代表死亡。

在横线上找到表示现在的年龄的坐标，然后在过去的生活阶段，写下自己做过最出色的事情；在未来的日子里，写下今后最想做的三件事。

生命不因外在而宝贵，一个人要爱自己，要看到自己的长处。也许我们的个子不够高、长得不够英俊，或头发不够黑、皮肤不够白，我们会有种种不如意，但我们既然是独立的个体，有自己的思想，就可以决定自己的生命放射出怎样的光芒。

二、我的五样

①请回忆自己生命中不可或缺的一些人、事、物等，然后在纸上认真写下其中最重要的五样。

②相互交流分享各自认为最重要的五样东西。

③选择与舍弃。

现在，你的生活中出现了一个变故，五样中的一样保不住了，你必须舍弃一样，请选择。选好了之后，用黑色的签字笔将它彻底盖住。或者画一个方块，或者挖一个洞，总之你再也看不到它了，它在你的生命中将不复存在。

现在你的五样只剩下四样。注意，你的生活又面临一次严峻的挑战，现有的四样也保不住了，还要再舍弃一样，请做出选择。

看着你的三样。生活再次和你开了个不大不小的玩笑。你必须再放弃一次。

请慎重选择。

现在你的面前只剩下宝贵的两样了。我们在做最后的、最艰难的选择。请大家保留其中一个。

好了。现在你的纸上只剩下最宝贵的一样。

思考：

①纸上最后剩下的一样是否是自己最先写出的那一样？（如果不是，说明什么。）

②依次舍弃的都是什么？谈谈自己的想法。

③你最终保留了什么？它为什么对你如此重要？

⚙ 自我成长 ▶▶▶

1.每周至少有一天，花些时间想想自己在什么时候最有活力，在什么时候最"死气沉沉"。你可以发现一些规律吗？

2.假如你知道自己将要死去，你希望自己的生活发生什么变化？你会放弃一些什么？

3.假设你现在躺在病床上等待死亡来临。你希望哪些人陪伴你？你希望他们说些什么，而你又想对他们说些什么？

4.思考一下，如果自己所爱的人去世，会给你带来怎样的影响。分别对每一个你爱的人都思考同样的问题。如果他们没有出现，你的生活又会是怎么样的。

项目八
理解心理障碍

愿有人照顾你的身体，也愿有人照顾你的心灵。

——佚名

📖 项目导航 >>>

1. 了解大学生常见的心理障碍和心理治疗方法。
2. 学会识别各种心理障碍的症状，尤其是掌控调适抑郁情绪的方法。
3. 形成自助助人的意识。

💬 自我评估 >>>

依据个人的真实情况，以下这些描述符合的记1分，不符合的记0分。

1. 我经常会有流泪的冲动。
2. 我对自己的未来充满信心。
3. 我觉得我对自己的家人非常重要。
4. 我能够听到一些别人听不到的声音。
5. 我总觉得有人想要害我。
6. 生活中我总是控制不住地想去洗手，即使我已经洗了很多次。
7. 我总觉得自己的心口很疼，快要喘不上气来。
8. 我觉得自己的生活非常没有意思。
9. 我能够看到别人看不到的东西。
10. 最近我很想去医院检查我自己的心理状况。

◻ **成长故事** ⟫⟫⟫

1973年，美国斯坦福大学的研究人员大卫·罗森汉（David Rosenhan）质疑在精神病院的环境下做出的临床诊断的准确性，因此他招募了8名健康的志愿者，请他们申请进入不同的医院，开始他们会抱怨最近好像听到了"空虚""空洞""呼呼"之类的声音，除此之外，他们声称没有其他症状。所有人都用了假名，4名心理健康专家（包括罗森汉本人）还伪造了职业。所有人很容易地就在12家不同的医院获得了住院许可（有些人还获得了两次）。绝大部分人（只有一个人除外）都被诊断患有精神分裂症，这是一种严重的心理障碍，常伴有幻听。在没有任何异常症状出现的情况下，这些志愿者要让医护人员相信他们可以出院，大概需要19天的时间。一名运气不好的志愿者在两个月后才被医院"释放"。这项经典研究的发现让精神病学界大为震惊。没有任何一家医院的专业人士意识到这些"患者"是在假装患有精神疾病。出乎意料的是，医院里的其他病人很容易就发现了其中的问题，他们经常会提出疑问："你不是疯子，你是记者或者教授……你是不是在调查医院？"

◻ **项目探索** ⟫⟫⟫

⟫⟫ 学习任务一　什么是心理障碍 ⟫⟫

心理健康是身心健康协调及总体健康的基础，是一个人能够成长和发展的基本条件。在整个生命历程中，心理健康是思考、交流、学习、适应生活、保持自尊的源泉。但心理健康问题往往被人忽视，直至严重的心理问题产生。对于大多数人来说，心理障碍和异常行为这两个名词指向同一个意思。人们之所以这么想是因为大家觉得各种形式的精神病特征都很相似，即在常人看来都是不正常的思想、感觉或行为。但是，在心理学领域，这两个名词的含义其实是不同的。例如，某些类型的抑郁经常被贴上异常或者"违反常态"的标签，但是并不被归类为心理障碍。还有一些行为则被认为是社会行为偏差或不正常。因此，我们首先将从了解定义心理障碍的普遍标准开始。

当你知道心理障碍、正常行为和非正常行为其实没有精确、公认的定义或界定标准时，可能会感到吃惊。每一种界定标准都有优点和缺点。不过，尽管存在这些不明确的地方，行为、想法和情绪的确会集中到一起形成各种模式，从而使得我们能够从医学上识别各种心理障碍。这类问题最权威的指南是由美国精神医学学会出版的《精神障碍诊断与统计手册》（*The Diagnosic and Statistical Manual of Mental Disorders, DSM*）。因为新的研究成果不断出现，新的诊断技术不断更新，以及社会在不断发展变化。所以《精神障碍诊断与统计手册》的内容会定期进行修订。

一、心理障碍的定义

现在，我们可以把心理障碍定义为一种临床上显著的行为或心理模式，这种模式与以下症状相关联：①个人困扰；②有一种或多种重要功能丧失或有损伤，如适应不良行为；③遭受残疾或功能受损的风险性显著增加；④违反社会规范。

（一）个人困扰

个人困扰是指对个人幸福感或社会功能造成干扰的、强烈的或长期的消极自我意识，这是一个主观评定的指标。个人困扰程度是诊断心理障碍的主要因素之一。例如，长期恐高或情绪反复波动都可能符合心理疾病的标准。反之，如果一个人行为怪异但同时是快乐且功能正常的，则不一定有心理障碍。尽管个人困扰的标准很有用，但它还不是我们定义或诊断精神病的充分依据。

（二）适应不良行为

适应不良行为是判断心理障碍的一个重要因素。它意指一个或多个心理功能严重丧失或受损，尤其是在工作和人际交往方面。这个概念与日常生活联系紧密。患有该疾病的人在工作、生活自理或与家人、朋友相处上存在障碍。

（三）残疾或功能受损

适应不良或者生活不能自理的人会增加自己受伤的风险。例如，一个对物质上瘾的人通常无法关心自己的生理健康，无法照顾自己。

（四）违反社会规范

最后一个心理障碍的测量标准是看个体是否违反社会规范。社会规范是关于在一定情境或社会中做出怎样的行为是合理的一种普遍的社会期望。每个社会的人都生活在规范之下，规范告诉我们什么是可以被接受的，而什么是不可以被接受的。

（五）心理疾病跨时间和文化的多样性表现

心理疾病的界定会随着时间和文化的变化而发生变化。尽管，"幻听"在现代

学习笔记

学习笔记

被认定为心理障碍，但在传统的北美印第安地区，如果听到"亲人的召唤"则不是心理障碍。

二、心理障碍是如何分类的

分类就是按某种规则将事物纳入系统的方法。疾病分类的基轴有多种，对疾病按病因、病理改变进行诊断和分类，是医学各科所遵循的基本原则。但在精神医学实践工作中，只有 10% 左右的精神障碍病例的病因、病理改变比较明确，而90% 左右的病例则病因不明。因此，精神障碍的诊断和分类无法全部贯彻病因病理学分类的原则。世界卫生组织组织编写的《国际疾病分类》基本上遵循病因病理学分类和症状学分类兼顾的原则，但美国的《精神障碍诊断与统计手册》，主要按照症状学分类原则进行。

《精神障碍诊断与统计手册》以实践标准作为分类的基础，定义、描述和划定了超过 200 种心理障碍。精神科医生通过对比患者和《精神障碍诊断与统计手册》的描述来选出最匹配的条目，从而达到诊断的目的。诊断的目的是提供对个体整体问题和功能状况的精确描述，并且对病情的发展进行预测，从而有助于治疗。诊断同时能促进专业人士与患者的交流和对他们的理解。

《中国精神障碍分类与诊断标准》目前修订至第 3 版。该标准兼用了症状学分类和病因学分类。其中，器质性精神障碍，精神活性物质和非成瘾物质所致精神障碍，应激相关障碍中的某些精神障碍按照病因病理分类；而功能性精神障碍则采用的是症状学分类。《中国精神障碍分类与诊断标准》强调分类诊断的传统性、科学性、可理解性、可接受性，较好地反映了我国精神障碍分类学的特色。

三、心理障碍有多普遍

（一）发病率和流行率

精神分裂症可见于各种社会文化和各个地理区域中，其发病率与患病率在世界各国大致相等，终生患病率约为 1%。精神分裂症患病率在男女性别上大致相等，性别差异主要体现在初发年龄和病程特征上。90% 的精神分裂症起病于 15～55岁，发病的高峰年龄段男性为 10～25 岁，女性为 25～35 岁。与男性不同，中年是女性的第二个发病高峰年龄段，3%～10% 的女性患者起病于 40 岁以后。多数随访研究支持女性患者总体预后好于男性，原因可能与男性患者脑损伤以及雌激素的保护作用等有关。在抑郁障碍的患病率上，女性高于男性，而双相情感障碍患病率男女比例为 1：1.2。这一趋势在各种文化和各种族人群中是一致的。研究显示，这种差异可能与激素水平的差异，怀孕、分娩和哺乳，心理社会应激事件及应对方式等有关。

有心理障碍的人往往在成年早期就出现第一次症状，大约 3/4 的心理障碍者报告称他们的第一次症状出现在 24 岁之前。但是，有一些心理障碍，如强迫症、双相情感障碍和精神分裂症的症状出现得会更早。值得注意的是，性别和文化差异会影响心理疾病的流行率。尽管男性和女性同样容易遭受心理疾病的困扰，但他们的易患病类型稍有不同。女性更容易患恐惧症和抑郁症，男性则更容易滥用酒精和药物，出现反社会行为。此外，女性寻求帮助的意愿是男性的两倍，也许是因为这样，所以造成了过去一种错误的印象是女性更容易患上心理疾病。另外，心理障碍的流行率还会因文化而异。

（二）中国精神卫生调查研究结果

依据"十三五"国家重点出版物出版规划项目《中国精神卫生调查精神障碍患病率及其分布》：在 18 岁及以上人群中，焦虑障碍患病率最高，加权后终生患病率为 7.51%，心境障碍其次，加权后终生患病率为 7.37%，酒精药物使用障碍患病率位居第三，加权后终生患病率为 4.67%，间歇性暴发性障碍患病率位居第四，精神分裂症及其他精神病性障碍患病率位居第五。就患病率而言，比较国内以往精神障碍调查结果，中国精神卫生调查（China Mental Health Survey，CMHS）获得的任何一类精神障碍终生患病率为 16.57%，高于 1982 年调查的 1.30% 和 1993 年调查的 1.35%，亦高于世界精神卫生调查（Word Mental Health Survey，WMHS）于北京调查的 9.1% 和于上海调查的 4.3%，低于费立鹏 2001—2005 年调查结果的 17.5%。

调查发现，任何一类精神分裂症及其他精神病性障碍终生患者的咨询率与治疗率为 51.64%，其中，精神分裂症终生患者的咨询率与治疗率均为 5.69%。这个结果表明，精神分裂症及其他精神病性障碍在各类精神障碍中对精神卫生的需求最高，仍然有接近 50% 的患者未被治疗。精神分裂症患者及时治疗的占比为 51.25%，延误治疗者的延误治疗时间中位数为 34 年，延误治疗 10 年以上的占比为 100%。

在精神障碍共病中，最常见的是焦虑障碍和抑郁障碍共病。抑郁障碍患者终生共病焦虑障碍的占比是 28.80%；最多的焦虑障碍类型是特殊恐怖症，为 13.46%，其次是强迫障碍，为 12.35%。从年龄的分布来看，50～64 岁组抑郁障碍患者终生共病焦虑障碍的占比最高，为 35.82%，其次是 65 岁及以上组，为 33.73%。在性别分布上，女性抑郁障碍患者终生共病焦虑障碍的占比高于男性，女性为 29.93%，男性为 27.25%。

❯❯ 学习任务二　常见的心理障碍 ❯❯

　　在这里，我们将讨论两大类不同的心理障碍：①常见心理障碍，如焦虑障碍、心境障碍、饮食障碍、人格障碍；②罕见且严重的心理障碍，如精神分裂症。值得注意的是，无论这部分内容能否加深你对心理疾病的认识，都不应该用来诊断自己和他人的心理状况。如果有相关心理问题出现，你应该寻求专业心理健康机构的帮助。

一、焦虑障碍

　　无论是因为工作、人际关系、经济或其他问题，我们大部分人在一生中都反复地体验到焦虑（或恐惧）。这是对压力的自然情绪表达，是生活中的正常部分。虽然有些焦虑能够使人充满动力，但是过高水平的焦虑仍会让人无法动弹。高度焦虑会使人不想出门、消息闭塞、不想接电话或与人交流，总起来说，就是难以享受的生活乐趣。焦虑障碍的症状是过度或者不恰当的焦虑，或者逃避焦虑的方式不恰当。对于有焦虑障碍的人来说，即使是在特定的危险情况下，焦虑也可能产生。主要的焦虑障碍共有五种：广泛性焦虑障碍、惊恐障碍、恐怖症、强迫症和创伤后应激障碍。下面我们将分类进行详细说明。

（一）广泛性焦虑障碍

　　广泛性焦虑障碍是一种长久的"如影随形"的焦虑，无论身在何处，焦虑都会紧随着你。患广泛性焦虑障碍的人往往说不清自己在担心什么，只知道自己在大多数时候都感到焦虑不安。他们常常有很多担心，并想象不好的事即将发生，难以集中注意力或做出决定。有广泛性焦虑障碍的人可能会头痛、面容憔悴、消化不良、寝食难安，还经常担忧当下的状况会使自己崩溃、心脏病发作或发疯。广泛性焦虑障碍是最常见的焦虑障碍，终生患病率为 4.1%～6.6%，在普通人群中患病率为 1.9%～5.1%，45～55 岁年龄组占比最高，女性患者是男性的 2 倍。广泛性焦虑障碍常为慢性病程，国外资料显示患者在明确诊断前已经有 10 年病程者并不少见。多数广泛性焦虑患者合并有抑郁障碍或其他焦虑障碍，被称为共病现象。常见的共病有抑郁障碍、惊恐障碍、强迫障碍等，共病造成广泛性焦虑障碍诊断和治疗困难。

（二）惊恐障碍

　　惊恐障碍是一种强烈惊恐的反复出现，也被称为惊恐发作。这种可怕的发作会发生在毫无危险的情境中，通常持续 15～30 分钟，也可能长达 1 小时。在一些案例中，惊恐发作也可能针对特定的情境，如在交通拥挤的城市中开车或公开演讲。在一些案例中，惊恐障碍又好像毫无诱因地发生了。当惊恐发作袭来时，人们往往难以忍受，会流冷汗、眩晕甚至呼吸困难。患者会觉得"这是难以逃脱的，如果不能安全度过，就会死去"。因为这种发作的难以预测更增加了患者的焦虑，因此他们会避开害怕失去控制感。让自己感到无助或曾经发生过惊恐发作的情境。

（三）恐怖症

多数人都会非理性地回避某些特定事物，如蜘蛛和蛇，这些通常不对我们的生活产生严重影响，相反，如果这种回避变为某个人的重要应激来源并妨碍了他的日常生活时，就能断定他患有恐怖症。恐怖症的特征是长期非理性地恐惧某种事物或活动并伴随着对其强烈的抵抗情绪。恐怖症的类型有：特殊恐怖症、社交恐怖症和广场恐怖症。

1. 特殊恐怖症

特殊恐怖症是一种对特定事物或情景的高度恐惧，也是最常见的恐怖障碍类型。恐惧的对象包括动物，尤其是狗、蛇、蜘蛛和昆虫。其他特定恐怖症包括恐高症，即害怕高处。

幽闭恐怖症，即害怕密闭空间。大多数特定恐怖症源于童年时期，有时在没有接受治疗的情况下就消失了。但是，如果延续到成年期的恐怖症比较强烈，那么没有寻求专业帮助的话基本上不会自动消失。

2. 社交恐怖症

社交恐怖症是害羞的极端表现，包括长期非理性的社交恐惧，并极力避免被他人关注的情境，并因此会影响人的日常生活。如果不可避免地要进入社交场合，有社交恐怖症的人会体验到极度的焦虑并且尝试避开。社交恐怖症的例子有：害怕在公共场合说话、表演、用餐，或者害怕被别人看着写字等。尽管这种心理障碍很少造成社会功能损坏，却给生活带来不便。比如，抗拒需要使用公共卫生间的旅行，为了缓解焦虑，患者可能用酒精或者药物使自己冷静下来。

3. 广场恐怖症

广场恐怖症是一种不同类的恐惧的集合。它们都会引起患者对人群和开放空间的强烈焦虑，如对商店、电梯、隧道和公共交通工具的恐惧。广场恐怖症通常会导致严重的恐惧反应，是人们在经常寻求治疗的心理障碍。这种恐惧症往往发生在青春期后期或 20 多岁，也有可能更迟。在广场恐怖症发作期间，患者会拒绝出门，只想宅在家中。即使他们最终出去了，也会十分谨慎地避开可能引发恐惧的情景。

学习笔记

（四）强迫症

是否有一首歌曾短时间地在你的耳朵里不停地回响？当这种情形出现时，如果有一种简单的动作能让那首歌停止播放（如咬手指），那么你可能会这样做。现在想象一下如果同样的歌曲卡在你的头上每天成百上千次，你每次都咬手指让它停下来，那会怎么样？这时，你便进入了一个强迫症患者的世界。强迫症的本质特点包括强迫观念（被令人不愉快的想法萦绕）和强迫行为（对于不必要的动作进行非自愿性的重复）。

强迫症一般包括对感染某种疾病的担心（如被病菌传染），担心造成伤害（如没有关火炉或没有关门），或者一种对于顺序和完美的追求（如认为地毯上的条纹，每一条都要对齐）。这种不想要的侵入想法造成的焦虑，会使个体陷入重复或者仪式性的行为中。这些强制行为可以分为以下几类：囤积者，他们收集几乎任何东西并且不能摆脱这种习惯；重复者，这些人认为他们必须在某件事上重复一定的次数；排序者，他们认为他们的物品必须以一个固定的规则放置。强迫症的循环每天可能持续几小时，因此会对人们的日常活动产生严重干扰。

强迫症患者的强迫观念更加不可抵挡，有可能引起更多的痛苦，甚至可能干扰他们的社交和工作。强迫障碍的基本特征是患者表现为来源于自我的强迫观念与强迫行为，多数患者认为这些观念和行为是没有必要或异常的，是违反自己意愿的，强迫与反强迫的强烈冲突使患者感到焦虑和痛苦，但无法摆脱，病程迁移患者可表现出仪式行为，此时焦虑和精神痛苦减轻，但社会功能严重受损。强迫障碍在男女性之间患病率相同。患者常有强迫性格，起病多在童年或成年早期。强迫观念指的是一些思维、意象或冲动，它们反复出现或者持续作用，尽管患者要努力抑制这些观念。强迫观念是对意识的一种外来侵入，它们似乎是全无意义的或令人讨厌的，而且对于正在经历着的人而言它们也是难以接受的。你可能有过轻微的强迫体验。比如，有时会冒出一些小的担心："我是不是真的锁了门"或者"我是不是关了灯"。

强迫行为指的是重复的、目的性的动作，根据特定的原则或仪式化方式对某种强迫观念进行反应。做出强迫行为是为了减少或预防与某些可怕的情境相联系的不适感，但是其本身显然不合理，或者多余。至少一开始，强迫症患者是会抵制其强迫行为的。当他们平静下来之后，他们把自己的强迫行为看作毫无意义的。但当焦虑来临时，为了释放紧张，仪式化的强迫行为似乎有一种无可抵抗的力量。有心理问题的人体验到的痛苦在一定程度上是因为他们认识到强迫观念是非理性的或多余的，但没有能力消除由这些观念所导致的挫折感。

（五）创伤后应激障碍

创伤后应激障碍是一种严重的焦虑障碍，它的症状包括焦虑和回避行为，这种障碍通常来自不同寻常的应激事件，如遭受身体伤害。创伤后应激障碍同样可能是由目击了战争的惨烈、自然灾害、飞机失事、恐怖袭击、悲惨的交通事故和谋杀等造成的。正如这一系列事件所显示的，创伤后应激障碍是由经历了创伤事件，或者目睹到这些创伤事件后引发的。因此，一些特定职业的人比其他人更容易患上创伤后应激障碍，如士兵、警察以及医护人员，他们容易受到创伤后应激障碍的侵害。另外，在电视上观看过多的创伤性事件（如校园伤人事件）也可能引发创伤后应激障碍。

创伤后应激障碍一般被分为极度害怕、闪回（创伤性事件在头脑里反复出现）以及噩梦三种类型。患有创伤后应激障碍的其他症状还包括情绪波动、易怒、低落、经常哭泣、注意力有限、注意力难以集中、工作或学业成绩差、滥用药品、头痛、失眠以及胃部疾病等。

二、心境障碍

大部分人都会经历一段看似身边什么事都很不顺利的阶段。我们也许会说"我们很沮丧"，但是常常并没有达到可以诊断为心理障碍的程度。我们的情绪处于一种和缓的沮丧和悲伤中，而且它一般会在持续几天后消失。但是，当这种情绪困扰变得更加严重和长期的时候，就会变成一种心境障碍。有两种主要的心境障碍：抑郁障碍和双相情感障碍。前者表现为普遍的消极情绪，后者表现为夸张的情绪波动，即在严重低落和极度兴奋之间摇摆。我们将具体分析一下这两者。

（一）抑郁障碍

1. 抑郁症

抑郁症症状主要表现为强烈的、不切实际的悲伤和无意义感。除了这些症状之外，抑郁症还可能表现为精力下降、对于日常活动的兴趣缺乏、食欲不振、不满足感、间歇性哭泣和一种悲观的态度。当人们低落的状态处于中等程度时，他们可以继续从事日常活动。但抑郁症会严重妨碍人们日常的工作和生活，最终会导致他们需要住院一段时间。在这些例子中，甚至仅仅是起床这一个简单动作也变成不可思议的困难。值得一提的是，在那些经历过抑郁症困扰的人中，超过一半的人在两年内会再次患上抑郁症。

抑郁症的成因有很多，从生物因素（如基因和生物化学等原因）到社会和文化因素的影响都有。例如，抑郁症有家族遗传的趋势，说明生物性的缺陷是可以被遗传的。然而，抑郁症也可能发生在并没有家族遗传历史的人身上。无论是否遗传，抑郁症一般与大脑结构以及大脑功能的变化有关。认知理论家指出，消极的思考方式或者悲观的认知风格会导致人产生抑郁。

有趣的是，女性患上抑郁症的可能性比男性多。生物性的影响（如激素水平）也在其中起作用。例如，脑成像研究发现，女性受抑郁影响的大脑区域的大小是男性的8倍。但是，男性与女性之间在社会角色以及压力管理方面存在差异。事实上，有研究显示家庭操劳的程度、家务事的参与和抑郁症状这三者之间有一定的关系。另外，男性和女性管理压力和情绪的方式也不同。比如，相比于男性，女性可能更易于在她们的问题上不断思考而不是采取行动。这些原因，都能解释为什么女性患抑郁症的比率要明显地高出男性。

重度抑郁症患者在做日常的事情时都似乎也要付出巨大的努力才行。一名抑郁症患者曾自述"我曾在淋浴时因用完了香皂而失声痛哭。我因计算机上的一个键卡住了而哭泣。我发现所有事情都极其艰难，例如，举起一个话筒对我而言就像四百斤的重压。我必须要穿上两只袜子和两只鞋，这把我压垮了，所以我只想回床上睡觉"。

抑郁症的一般标准包括至少两周出现抑郁情绪或丧失对日常活动的兴趣或乐趣，并伴随着至少四种下面列举的症状：

① 自我感受或他人观察到的显著而持久的情绪低落、抑郁、悲观。

② 悲哀、忧郁，没有精力，对日常的大部分活动失去兴趣或乐趣。

③ 感觉到没有价值，自责。

④ 思维或注意力集中的能力减退，健忘。

⑤ 食欲下降，体重显著减少。

⑥ 失眠或睡眠过多，精神运动性迟滞或激越。

⑦ 反复想到死，有自杀的念头或举动，或有自杀的计划，尝试过自杀。

被诊断为抑郁症的人，其症状的严重性和病程不同。其中一些人只在一生中的某个时间与抑郁斗争了几个星期，而另一些人则断断续续地或慢性地经历了数年。

2. 季节性情感障碍

有些人在某些特定的时间段更容易抑郁，特别是在冬季。他们遭受的这种特别的心境障碍叫作季节性情感障碍。由于超过2/3的具有这种症状的人有亲戚也同时患有心境障碍，所以部分原因可能是基因遗传。一种观点认为，冬天阴沉的气候会扰乱身体的生物钟，影响了人体5-羟色胺和褪黑激素的产生。在黑暗的时候，人脑中的松果体会分泌大量的褪黑素激素，从而让人昏昏欲睡。光线会抑制这种化学物质的分泌。虽然在冬天分泌过多的褪黑素不会影响大部分人身体内的化学物质平衡，但是对于那些有季节性情感障碍的人来说，实在是过多了。有趣的是，不是所有生活在冬天黑暗里的人都会患上季节性情感障碍。比如，冰岛人很少患上季节性情感障碍。如今，患有季节性情感障碍的人可以通过光照疗法来减轻症状。在冬季，他们每天可以花点时间在"太阳箱"上，这种装置配备了强大的荧光灯，可以发射出全光谱的自然日光。

3. 心境恶劣障碍

心境恶劣障碍是一种长期的轻度抑郁，不会影响人的生活工作功能。但是，它会使人无法感到快乐或者无法达到最佳工作状态。心境恶劣障碍的症状就类似抑郁症，只是程度更轻。如果上述的心情低落连续两年及以上就可以被诊断为心境恶劣障碍。

（二）双相情感障碍

一些人心情高兴和抑郁频繁交替出现，就叫作双相情感障碍，也被称为躁郁症。通常，双相情感障碍有时表现为狂躁（变得情绪高涨、感到激动或者有快感、增加社交活动、健谈、睡眠需求变少、行为莽撞）。在狂躁时期，个人行为可能会危害到个人社会关系（变得好斗或者冲动）、财务状况（可能入不敷出）和自尊（在狂躁期过后对自己的行为感到尴尬和悔恨）。狂躁期之后就是一段严重的抑郁期，其典型表现是无望感和绝望、精力减退。

除了狂躁期，还有几个特征也可以把双相情感障碍和抑郁症区分开。第一，双相情感障碍并不如抑郁症那么常见，发病率不到抑郁症的 1/3。第二，男性和女性受双相情感障碍的影响相同。第三，双相情感障碍的临床表现更复杂。第四，抑郁症在人生中的任何阶段都有可能发生，但是双相情感障碍通常出现在 30 岁之前。而且，双相情感障碍极度兴奋或易怒的情绪持续时间较短，但是次数比较频繁。第五，双相情感障碍在家族内的遗传性更强，这表明基因在双相情感障碍中扮演的角色比在抑郁症中更重要。

三、饮食障碍

（一）神经性厌食

神经性厌食是指有意节制饮食，导致体重明显低于正常标准的一种进食障碍，尽管先前有过许多病例报道，但直到 1868 年才首次由英国医生格尔（Gull）正式命名。该病多见于青少年女性。发达国家发病率较高，据美国报道其女中学生和女大学生的患病率达到 0.5%。临床资料显示厌食症患者中 90% 以上是青少年女性，男性仅占 5%～10%。随着生活水平的不断提高，饮食内容的不断丰富，以及与"瘦为美"审美标准的日益冲突，其发病率已有增高的趋势。

神经性厌食，表现为严重的无食欲和体重下降。它的基本特征是恐惧变胖，担心身形扭曲，拒绝保持正常体重。换句话说，患者会无止境地追求纤瘦。进食障碍不应归为一种意愿或者习惯上的失败，它确实是一种可治疗的疾病，是患者在自己生活中呈现出来的一种在饮食上的失调模式。神经性厌食者通常只有正常体重的 85%，并且伴随着其他一些生理症状。体重的下降通常伴随着食物摄入总量的减少，尤其是那些碳水化合物和脂肪含量高的食物的减少，还有对泻药和利尿药物的使用，以及有时进行过多的激烈锻炼。人群中有 1% 的人（大多数是女生）正遭受着这种病的困扰，他们担心自己变胖或感觉自己变胖，他们没有意识到自身瘦得太过危险，即使是在镜子面前他们也感觉不到。"瘦得太过危险"不是一个误述，因为在患有进食障碍的人中，多达 20% 的人由于过于消瘦而死亡。

（二）神经性贪食

神经性贪食，其症状是严重的过量饮食或者不加控制地狂吃，然后自行呕吐。这种疾病和神经性厌食有密切关系，但是又与神经性厌食不同，也更常见。神经性厌食者的目标是减体重，而神经性贪食者是想吃东西却不想增加体重。这种疾病的基本特征是对自己短暂地放纵，疯狂进食，但同时也意识到自己的这种进食模式是不正常的，即对自己不能主动停止这种进食模式的担心和一种沮丧的情绪，以及自我轻视的想法。"你一点也没有自控能力，真为你感到羞耻"，在神经性贪食者的脑海中有这种小声批评。神经性贪食者也和神经性厌食者一样对自己的身体意象不满意，但是与神经性厌食者不同，神经性贪食者通常处在一个健康的体重范围或者稍微过重的状态，而不是过轻。神经性贪食者有时候在两次放纵之间会过度地节食。

（三）强迫性暴食

强迫性暴食的特征是在不连续的一段时间内吃过量的食物，以及对过量饮食无法自控。鉴于大多数超重的人通常摄入的卡路里比他们每天行程中消耗的卡路里要多，强迫性暴食者在很短的时间内摄入大量的食物，但没有后续的故意排泄或者减少饮食。因为失去饮食控制带来的尴尬，强迫性暴食者通常一个人吃饭。在那些实行体重控制计划的人中，大概有 1/3 或者更多的人报告他们经常有难以自控的过度进食经历。强迫性暴食者的心理问题发生率比平均水平要高，特别是易患抑郁症。过度的进食通常和积极或者消极的情绪状态有关，强迫性暴食者在一天中也趋于经历很大的情绪波动。强迫性暴食通常由紧张、饥饿、无聊、食用特定食物、对特定食物的渴望，以及孤独或寂寞引起。

四、人格障碍

人格特质是一个人在多种不同情境下显示出来的持久一致的模式，包括思考、感觉、行动以及和其他人交往。但是，当一个人显示出顽固或者适应不良的人格特质，因而对社交生活和职业生涯造成显著损害时，他就有可能患有人格障碍。这些障碍通常是长期存在的并且导致一种偏离公认的社会规范的模式。他们非常顽固，抗拒改变。与很多其他精神病理学的模式不同，人格障碍是非常独特的，对患者本人造成的压力小于对患者身边一起工作或生活的人。因此，这些患者抗拒专业的帮助。人格障碍产生的原因之一是个体在童年受到虐待和忽视。

（一）自恋型人格障碍

自恋型人格障碍的特征是过度自负，且经常伴随着一种自卑感。尽管一定程度的自我中心可能保护我们避开批评和失败带来的影响，但是过度的自我中心可能会造成适应不良，特别是当对别人的喜爱和安慰的渴望变得不知足的时候。有这种障碍的人通常在行为或者幻想中展现出一种浮夸的自负，而且通常伴随着一种自卑感。他们夸大自己的天赋和成就，并且虽然没有相应的成就却想要被特别对待。此外，自恋型人格障碍者在他们的生活、工作、学习中很可能会撒谎，但他们并不会感到内疚或懊悔。由于他们对别人的评价过分敏感，因此会用自大和蔑视应对批评。他们相信自己是独一无二的，只有特定的人才能理解他们。

（二）反社会人格障碍

一种最令人不安的人格障碍是反社会人格障碍，特征是长期不变的、适应不良的违反社会规则的想法和行为习惯，以前叫作心理变态人格或者社会病态人格。这些人有长期的反社会行为的经历，在这些行为中他们毫不关心其他人的幸福，常常利用他人或无情地对待他人。这些有反社会人格障碍者也易于冲动。尽管如此，大多数反社会人格障碍者不会违法。然而，他们喜欢操纵别人并且是不负责任的；他们可以按照这种方式做事却不会有道德上的负担，不会为他们的拙劣行为而感到内疚或懊悔。在许多案例中，反社会人格障碍者在一个社会化不足的家庭中长大，并且父母中的一个或两个也表现出反社会行为，如严厉的惩罚、虐待或者频繁的情感排斥。

学习笔记

（三）边缘型人格障碍

那些有边缘型人格障碍的人表现为冲动的行为、不稳定的社会关系以及不稳定的自我形象。有这种障碍的人也可能用自我毁灭的威胁或者令人绝望的自残行动去俘获那些可能抛弃他们的人的注意。此外，这些有边缘型人格障碍的人的情绪往往是不稳定的，他们易怒、焦虑、好斗，甚至可能有佳音恐惧（对听到好消息的恐惧）。这些症状发生在各种环境，如工作场所或者家里。因为对其他人的态度会有急速的转变（如从高度赞赏到极度的不喜欢），以及难以控制的情绪，边缘型人格障碍者很令与其比较亲近的人烦恼。他们经常将人际关系弄到快要破裂的地步。精神科医生通常发现治疗这些边缘型人格障碍者是一件困难的事，因为这些有边缘型人格障碍的人有非常喜欢支配人的倾向，不管在白天还是晚上，他们在所有时候都想要获得帮助。

五、精神分裂症

精神分裂症患者在每个国家的比率是非常接近的，大概是人口总数的百分之一。在发达国家，精神分裂症排在引起残疾原因的前十名。在精神分裂症患者中自杀的风险是很严峻的。大概1/3的精神分裂症需要长期待在精神治疗中心。当我们想到"发疯"的时候，浮现在脑海中的通常就是精神分裂症患者的形象。

（一）精神分裂症的症状

1. 言语障碍

精神分裂症患者一个最突出的特征是他们对语言的奇怪的使用方式。他们的思想和他们杂乱无序、支离破碎的语言之间的联系是十分松散的。一些实际上没有联系但是发音相似的词常常会被并列在一起。语言可能变得不连贯——患者会说出一些没有关联的和自编词汇的"语词杂拌"，也有的患者可能一声不吭。

2. 扭曲的信念

扭曲的信念在思考内容上的混乱主要包括妄想，即相信那些现实中没有依据的事情。比如，患者可能会觉得他们正在被暗中监视，或者被家人暗算。

3. 扭曲的知觉

精神分裂症患者感知到的世界似乎和其他人感知到的不太一样。他们很难将注意力集中在环境中的一个特定方面，同时筛掉其他信息。相反，他们的内在世界是被无差别的感觉上的信息模块充斥着的，这导致了他们奇怪的联想、内在的混乱以及奇怪的语言。另外，许多精神分裂症患者常常体验到幻觉，即在缺乏相应外在刺激的情况下产生的感官知觉。最常见的幻觉是听到一些特别的声音，这些声音命令他们去做一些被禁止的事，或者控诉他们犯了可怕的罪行。

4. 迟钝的或者不恰当的情绪

精神分裂症患者的特征有迟钝的情绪效应，或者缺少情绪。精神分裂症患者可能会毫无表情地呆视，或者用单调无变化的声音说话。或者他们也可能表现出不恰当的情绪，如在谈论一些痛苦的经历时傻笑。

5. 社会退缩

精神分裂症患者都趋向于是孤独者，他们宁可需要动物、植物或者一些没有生命的物体而不需要人来陪伴他们。也许他们全神贯注于他们自己的内在世界，或者他们认为自己经常不能被他人理解，所以他们宁可让自己一个人待着。当其他人在场的时候，他们会避免眼神的接触，或者倾向于坐在一个距离别人较远的地方。他们在情感上也是疏远的，很难与别人建立满意、亲近的关系。

心理学家将分裂症状分为阳性范畴和阴性范畴。在精神分裂症的急性期或活跃期，阳性症状——幻觉、妄想、思维不连贯、紊乱的行为——是突出的。在其他时间，阴性症状——社交退缩和淡漠情绪——变得更加明显。有些人经历了一个或多个精神分裂症的急性期后恢复到正常的生活。另外一些人常常被描述成慢性病患者，他们会经历多次的急性期和短期的阴性症状扩展期。即使最严重的患者，也不是总处于急性的妄想状态。

（二）精神分裂症的主要类型

因为精神分裂症的一些特征性症状非常广泛，研究者并不将它看作单一的障碍，而是看作几种不同类型的集合体。以下为五种最常见的精神分裂症的亚类型。

1. 瓦解型

个体表现出不连贯的思维模式和非常怪异紊乱的行为。患者的情绪很单调、呆板，或并不适合于当时的情境。一个人常常做出傻气的或孩子气的行为，诸如无缘由地傻笑等。言语变得不连贯，满是不寻常的词和不完整的句子，无法与他人进行正常交流。如果出现妄想或幻觉，它们也不能组织成一个连贯的主题。

2. 紧张型

个体的主要特征是动作的紊乱，有时这类患者就好像处于昏迷的僵化状态，在很长的时间内都保持不动，维持一个奇怪的姿势，对环境中的任何事物都很少反应或没有反应。在其他时候，这些患者显示出过多的活动性，漫无目的且不会受外界刺激的影响。紧张型的另一个特征是极端违拗，即对所有的指示都表现出明显的、原因不明的抗拒。

3. 偏执型

偏执型精神分裂症患者有复杂且具有系统性的妄想，围绕着以下特定主题。

·被害妄想：患者觉得他们总是在被侦查、被密谋，面临着死亡的危险。

·夸大妄想：患者相信他们自己是重要的或至高无上的人物——百万富豪、大发明家等。被害妄想可能与夸大妄想一起出现，认为自己可能是一个伟人且一直被邪恶势力迫害。

·嫉妒妄想：在没有正当理由的情况下，患者相信他人不够忠实。他们拼凑资料以迎合自己的理论，"证明"其妄想的真实性。

偏执型精神分裂症很少表现出明显的紊乱行为。相反，他们的行为多半是激烈的和非正式的。

4. 未分化型

未分化型是精神分裂症的"杂物袋"类型，此类患者表现出不止一种类型特征，他们出现妄想、幻觉、不连贯的言语，或者非常紊乱的行为。这些患者所体验的症状，不能被很清楚地分化到各种精神分裂症的反应中去。

5. 残留型

被诊断为残留型精神分裂症的人通常受了上一次精神分裂症发作的影响，但目前没有诸如幻觉和妄想这类阳性症状。这种障碍的特征是次要的阳性症状，或诸如情感单调这类阴性症状。残留型的诊断表明患者的病情进入缓解期，或暂时停止了活动。

精神分裂症最初发作通常在青春期或者成年期的早期。精神分裂症可能会突然出现，在大约几天或者几个星期内发生显著的行为变化，也可能会是许多功能的逐渐恶化。在这些最初的阶段，精神分裂症患者通常会有社会性退缩。他们显示出迟钝或者肤浅的情绪，并且与别人的交流遇到障碍。他们会忽视个人的卫生、学业或者工作。在这个时候他们可能会开始显示出奇怪的行为和精神病症状，作为活跃期开始的信号。这种症状的活跃期通常是由巨大的心理压力促成的，如失去一份工作、在爱情中被拒绝，或者父母中有人死亡。在这个时期，精神症状变得突出。精神分裂症患者开始产生幻觉，出现妄想，以及显示出无条理、不合逻辑的想法和奇怪的行为。但没有一个人是表现出所有的这些症状的，每个患者显示出不同的模式。

在残留期，精神分裂症患者可能在大约几个星期或者几个月中从急性的爆发中恢复。幻觉和妄想等的精神症状会存留下来，尽管他们不再伴有强烈的情绪。这些患者可能继续表现出古怪的行为和奇怪的想法。因此，他们中的很多人还不能履行日常职责，如不能工作或者料理家务。

（三）精神分裂症的原因和后果

尽管科学家进行了大量的研究，精神分裂症的原因还没有完全确定，其中包括不健全的家庭环境和生理因素。近些年越来越多的证据显示遗传的、神经学的和生物化学的因素扮演着重要的角色。在同卵双胞胎中，其中一个患有精神分裂症，另一个也有这种疾病的概率大概是1/2。但是，有精神分裂症的倾向并不足以发展成精神分裂症。素质—应激假设认为精神分裂症是遗传的风险和环境的压力共同作用的结果，即精神分裂症患者可能遗传了对特定种类压力的更低阈值，如果这种压力很强，可能就促成精神分裂症的猛烈发作。如果个体能将他受到环境的压力保持在一个特定的阈值之下，即使他有遗传的倾向，他也可能永远不会成为精神分裂症患者。

关于经历过精神分裂症发作的人的未来，存在着相当不同的观点。传统上，临床医生坚持三分原则，即大概有1/3的精神分裂症发作的人恢复得很好，另外1/3的人部分恢复，偶尔会复发，还有1/3的人依旧会长期受到损害。然而，随着治疗方法的改善和更有效的抗精神病药物的出现，对这些患者更加友好的态度，伴随着更精细的研究策略，大量的精神分裂症患者至少部分痊愈了。

≫ 学习任务三　心理障碍的治疗 ≫

治疗心理障碍的方法多种多样，但它们都涉及侧重于改善一个人的心理、行为或社会功能的治疗关系。人们寻求针对各种心理问题的治疗，包括在《精神障碍诊断与统计手册》（第5版）中所列的精神障碍和日常生活问题。治疗有多种形式，包括心理疗法和生物医学疗法，但大多数都涉及诊断问题、找到问题根源、判断预后和实施治疗。

心理学家采用的治疗方法主要有两种，即领悟疗法（侧重于发展对自身及其问题的理解）和行为疗法（侧重于通过条件作用来改变行为）。

精神分析是最早的领悟疗法，起源于西格蒙德·弗洛伊德的人格理论。使用诸如自由联想和解梦之类的技术，其目标是将被压抑的心理从无意识带入意识，在那里它可以被解释和抵消，特别是在移情分析中。新弗洛伊德主义心理动力学疗法通常强调患者当前的社会状况、人际关系和自我概念。

在领悟疗法中，人本主义疗法侧重于个体充分实现自我。在以来访者为中心疗法中，从业者在帮助来访者建立积极的自我形象的同时，尽量做到不给指示性意见。

另一种形式的领悟疗法是认知疗法，聚焦于改变来访者关于自己和社会关系的消极或非理性思维模式。来访者必须学习更具有建设性的思维模式，并学习将新技术应用于其他情境中。认知疗法对抑郁症特别有效。

团体治疗可以采用多种方法。自助支持团体，可以为数百万人提供服务，尽管它们通常不是由专业治疗师带领的。家庭治疗和夫妻治疗通常将情境困难与人际关系作为一个需要改进的整体系统，而不是内在动机。

行为疗法将学习原则——尤其是操作性条件反射和经典条件反射——应用于解决问题行为。在经典的条件反射技术中，系统脱敏疗法和暴露疗法通常被用于治疗恐惧。厌恶疗法也可用于消除不需要的反应。操作技术特别涉及积极强化和消退策略。在更大范围内，行为疗法可用代币制的形式治疗或管理团体。基于观察学习研究的参与性模仿可以利用经典条件反射和操作性条件反射原理，包括使用模仿和社交技能培训帮助个人练习并获得对自己能力的信心。

近年来，出现了认知疗法和行为疗法的结合，就是把领悟疗法的技术与基于行为学习理论的方法相结合。理性情绪行为疗法帮助来访者认识到他们自己的非理性信念会干扰生活，并帮助他们学习如何改变这些思维模式。积极心理疗法也是一种类似的方法，来自积极心理学运动。脑部扫描则表明，认知行为疗法会导致大脑功能发生物理变化。

艾森克在20世纪50年代挑战了治疗的有效性。然而，从那时起，研究表明心理治疗可以有效解决各种心理问题，通常它比药物治疗更有效。随着对精神障碍的研究分类越来越细致，我们正在学习将特定的心理疗法与特定的精神障碍相匹配。

大多数人得不到专业人士的心理学帮助。相反，他们能从教师、朋友和社区中有同情心的人那里得到帮助。朋友通常可以通过积极倾听、接纳和探讨替代方案来提供帮助，但严重的问题还需要专业人员的帮助。

生物医学疗法聚集于改变精神障碍的生理方面。药物治疗包括使用抗精神病药物、抗抑郁药物、情绪镇静剂、抗焦虑药物等，它们大多数会影响神经递质的功能。此类药物在精神分裂症、抑郁症、双相情感障碍、焦虑症和注意缺陷/多动障碍等精神障碍的医学治疗中引起了一场革命。然而，批评者指出这些药物被滥用的可能性，尤其是在处理日常生活中的普遍压力方面会被滥用。

自我成长 ≫≫

1. 在你的成长过程或者求学生涯中，是否近距离接触过这些患精神疾病的个体，如果有，你印象最深刻的是什么？

2. 在了解了这么多精神障碍种类之后，你最感兴趣的是哪个类型？可以借助相关的资料，深入地去了解这类精神障碍的典型症状、发展过程及治疗方法。

3. 抑郁症已逐渐开始成为我国自杀的主要因素之一。你身边是否发生过这样的情况？就你的了解，如果身边有这样的同学，你可以做哪些事情？

4. 患精神疾病的人大多数都不愿意让其他人知道自己有这样的病症，他们有很强的病耻感，对于这个情况，你觉得可以如何做？

5. 历史上有非常多名人因患抑郁症而去世，你知道哪几个？对于这类病症，你有哪些自己的看法？

学习笔记

参考文献

[1] 伯格（Burger，J.M.）. 人格心理学：第 8 版 [M]. 陈会昌译 . 北京：中国轻工业出版社，2014.

[2] 查普曼 . 爱的五种语言 [M]. 王云良译 . 北京：中国轻工业出版社，2006.

[3] 樊富珉，费俊峰 . 大学生心理健康十六讲 [M]. 2 版 . 北京：高等教育出版社，2020.

[4] 菲利普·津巴多，罗伯特·约翰逊，薇薇安·麦卡恩 . 津巴多普通心理学：第 8 版 [M]. 北京：人民邮电出版社，2022.

[5] 黄丽 . 校园成长列车——献给大学新生的心灵礼物 [M]. 杭州：浙江科学技术出版社，2009.

[6] 基尔希（Kirsh，S.J.），达菲（Duffy，K.G.），阿特沃特（Atwater，E.）. 心理学改变生活（原书第 11 版）[M]. 何凌南，何吴明，等译 . 北京：机械工业出版社，2015.

[7] 纪元 . 哪有没时间这回事 [M]. 北京：北京联合出版公司，2015.

[8] 克里（Corey，G.），克里（Corey，M.S.）. 心理学与个人成长 [M]. 胡佩诚，等译 . 北京：中国轻工业出版社，2007.

[9] 雷雳，张国华，魏华 . 青少年与网络游戏：一种互联网心理学的视角 [M]. 北京：北京师范大学出版社，2018.

[10] 理查德·格里格，菲利普·津巴多 . 心理学与生活：第 19 版 [M]. 王垒，等译 . 北京：人民邮电出版社，2015.

[11] 罗纳德·B.阿德勒，拉塞尔·F.普罗科特 . 沟通的艺术：看入人里，看出人外：插图修订第 15 版 [M]. 黄素菲，李恩，王敏，译 . 北京：北京联合出版公司，2017.

[12] 罗兰·米勒 . 亲密关系：第 6 版 [M]. 王伟平译 . 北京：人民邮电出版社，2015

[13] 李梅，黄丽 . 大学生心理健康十二讲 [M]. 北京：北京师范大学出版社，2012.

[14] 吾漫漫 . 重口味心理学实验 [M]. 天津：天津人民出版社，2013.

[15] 叶琳琳 . 大学生心理健康教育与心理素质训练 [M]. 北京：北京师范大学出版社，2016.